서양 근대의
역사적 장면들과
노래들

Historical Scenes and Songs from Western Modern History

서양 근대의
역사적 장면들과
노래들

종교개혁, 영국 시민혁명, 프랑스 대혁명과 나폴레옹,
독일 민족국가 수립, 러시아 소비에트 혁명, 미국 노예 해방
– 서양 근대사와 함께한 음악들

정태욱 지음

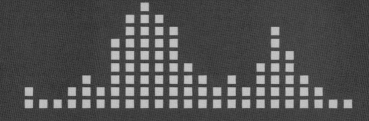

이 책은 인하대학교 연구비 지원으로 집필되었음을 밝힙니다.

감사의 말

작은 책이지만 큰 감사의 말이 없을 수가 없다.

제일 먼저 인하대학교 로스쿨 교수님과 학생들에게 감사의 말씀을 전하고 싶다. 동료 교수님들의 호의가 없었다면 책을 쓸 엄두를 내기가 어려웠을 것이다. 우리 인하대학교 로스쿨 학생들에게도 감사의 말을 전하고 싶다. 변호사 시험에 직결되지 않는 과목임에도 교수의 뜻을 이해하고, 수업에 성실하게 임해 주어 고맙게 생각한다.

국내외 문헌들을 신속하고 정확하게 구해 주신 인하대 도서관(정석학술정보관) 사서 선생님께 깊이 감사를 드린다. 이 책에 다소나마 학문적 기여가 있다면 그것은 사서 선생님 덕분일 것이다.

또한 이 책의 역사 부분은 세계사에 관한 여러 저술들에 의한 배움의 산물이다. 그 주요 저작들은 주석에 밝혀 놓았다. 훌륭한 저역서를 남겨주신 선학(先學)들께 깊은 감사와 존경을 표한다. 아울러 위키피디아 등 인터넷 자료들에도 큰 도움을 받았다. 이 책이 다시 우리 사회 지식의 바다에 기여할 수 있기를 바란다. 그런 의미에서 이 책의 저자 인세는 모두 위키피디아 등 공공 지식 활동에 기부하고자 한다.

교정을 보아 준 가족들에게도 고마움을 표한다. 남편과 아빠의 글을 읽고 지적해 줄 수 있는 가족이 있어 큰 다행이었다. 그래도 남아 있는 오류는 전적으로 필자의 몫이다.

출판 시장이 어려운 상황에서도 책의 출간을 수락해 준 한국학술정보(주)와 편집팀께도 감사를 드린다.

서문

음악이 없는 세상은 상상하기 힘들 것 같다. 마찬가지로 역사는 음악과 함께 움직였고, 또 음악으로 기억되었다. 이 책은 서양 근대 헌정사의 주요 사건들을 다루면서 관련 음악들을 소개하고자 하였다. 특히 역사적 현장에서 울려 퍼졌던 음악 혹은 그 역사를 소재로 한 후대의 음악을 소개하고, 그 역사적 맥락을 설명하고자 하였다. 그럼으로써 서양 근대 헌정사에 대한 입문도 겸할 수 있기를 기대하였다.

이 책은 서양 종교개혁으로부터 시작한다. 중세 교황 주권의 유럽 공동체, 즉 소위 '기독교 공화국'의 붕괴를 근대 개별 국가 헌정사의 시점으로 보았다. 이후 영국의 시민혁명, 프랑스 대혁명, 독일의 민족국가 형성, 러시아의 소비에트 혁명의 순으로 서양 헌정사의 전개과정을 정리하고 끝으로 미국의 노예제 해방의 헌정사를 다루었다. 서양 근대사의 주요 사건들을 설명하면서 전체적 연결성에도 주의를 기울였다. 그 연결성을 강조하기 위하여 다소 중복된 서술이 있음에 양해를 구한다.

책의 주요 내용은 다음과 같다.

서양 근대를 이해하기 위해서는 중세 기독교 질서를 먼저 알아볼 필요가 있다. 그리하여 이 책에서는 중세 기독교 질서에서 출발한다. 중세 기독교는 로마 제국의 폐허 위에 문명을 재생시켰고, 교황은 새로운 헌정질서의 중심으로서 수도원과 교회를 이끌었다. 그러나 교황의 권한은 점점 강해져 속권과 교권의 경계를 넘어 무소불위가 되었다. 그 중세 전성기 교황의 야심이 빚은 시칠리아 전쟁에 대하여 베르디의 오페라 〈시칠리아의 저녁 기도〉를 소개하였다. 교황청의 전횡은 거의 모든 계층에 반감을 샀고, 특히 수탈이 심했던 독일에서 종교개혁의 봉화가 올랐다. 루터의 종교개혁과 관련하여 루터가 직접 만들고 불렀던 찬송가 〈내 주는 강한 성이요〉를 소개하였다. 종교개혁의 과정은 순조롭게 진행되지 못하였다. 유럽은 신교와 구교의 전쟁의 도가니에 빠져들었다. 그 가운데 특히 참혹했던 프랑스 종교 내전, 성 바돌로매 축일의 학살 사건에 관하여 마이어베어의 오페라 〈위그노 교도들〉을 소개하였다.

종교개혁은 근대 시민혁명으로 연결된다. 개신교 국교회와 비국교도 개신교가 경쟁하던 영국이 가장 앞섰다. 영국 시민혁명의 첫 단계인 청교도혁명에 관련하여 벨리니의 오페라 〈청교도〉를 소개하였다. 청교도혁명은 군주를 처형하고 공화제를 시험하였으나 결국 다시 왕정복고가 이루어졌다. 이어 명예혁명이 일어났고 영국은 입헌군주제, 의회주의, 종교적 관용의 헌정 원리를 정착시켰다. 명예혁명에 관하여는 공동 군주 메리 2세 여왕과 윌리엄 3세를 축복하는 헨리 퍼셀의 세미 오페라 〈요정 여왕〉을 다루었다. 명예혁명으로 쫓겨난 제임스 2세와 그 자손들의 복위 운동(자코바이트 반란)이 한동안 진행되었다. 그와 관련한 노래들로서 〈신이여 국왕을 지켜주소서(현 영국 국가)〉, 헨델의 오라토리오 〈유다스 마카베우스〉 그리고 반란에 동정을 보였던 스코틀랜드의 민요 〈찰리 내 사랑〉 등을 소개하였다.

영국 시민혁명보다 한 세기 늦게 유럽 대륙에서는 프랑스 대혁명이 발발하였다. 프랑스 혁명은 입헌군주제를 넘어 공화제로 나아갔으며, 특권 철폐와 만민 평등의 이념을 전파하였다. 프랑스 혁명은 전 유럽의 대혁명이 되었다. 프랑스 혁명과 관련하여 당시 의용군들의 진군가인 〈라 마르세예즈(현 프랑스 국가)〉와 프랑스 혁명을 공화제로까지 급진전시킨 민중들의 혁명 춤곡인 〈라 카르마뇰〉을 소개하였다. 그러나 프랑스 혁명은 내란과 외환의 소용돌이 속에 공포정치로 치달았고, 수많은 무고한 목숨을 앗아갔다. 공포정치 시기 혁명정부의 세속화 명령에도 의연하였던 수녀들의 순교를 다룬 풀랑크의 오페라 〈카르멜 수녀들의 대화〉를 소개하였다.

프랑스 대혁명은 나폴레옹 황제의 유럽 정복 전쟁으로 확산되었고, 나폴레옹은 친인척들을 각 나라의 군주로 앉혔다. 나폴레옹이 북이탈리아를 맡긴 첫째 여동생 엘리자는 음악가 파가니니를 고용하였다. 그 둘의 연애와 관련된 음악으로 레하르의 오페레타 〈파가니니〉를 소개하였다. 나폴레옹의 러시아 원정은 파국으로 끝났고, 유럽의 나폴레옹 제국도 붕괴하였다. 나폴레옹은 패퇴하였지만 나폴레옹 숭배는 사라지지 않았다. 이에 대하여 슈만의 가곡 〈두 명의 척탄병〉을 소개하였다.

프랑스 대혁명과 나폴레옹의 정복은 독일에서도 자유와 민족의 운동을 촉발하였다. 그 운동은 '명예, 자유, 조국'을 모토로 세운 대학생 단체들(대학생 조합: 부르셴샤프트)이 선도하였다. 유럽의 복고 체제에 의하여 학생 운동은 좌절되었지만, 그 염원의 노래는 계속 이어졌다. 여기서는 그와 관련하여 예나 대학 학생들의 노래인 〈우리는 당당한 집을 지었다〉를 소개하였다. 이어서 라인강을 둘러싼 프랑스와의 전쟁 위기 속에서 독일 전역에는 애국심과 민족주의가 극적으로 고조되었다. 베커라는 청년의 시 〈그들은 라인강을 가질 수 없다(라인강 애국의 노래)〉가 독일인들을 격동시켰다. 이어서 팔러스레벤의 시 〈독일인들의 노래〉도 독일 민족주의를 선양하였다. 베커의 시에는 슈만 등 많은 작곡가들이 노래를 붙였고, 팔러스레벤의 시에는 이전 오스트리아 황제의 선율이 붙여져 독일 민족의 국가가 되었다.

나폴레옹 제국을 붕괴시키면서 러시아는 세계의 열강으로 대두하였으나 러시아 차르 체제는 대내적 개혁에서 실패하고, 대외적 팽창에서는 무모하였다. 1905년 러시아 제국은 민중 혁명에 봉착하고 또 러일 전쟁에서 패퇴함으로써 급격하게 붕괴되어 갔다. 여기서는 러일 전쟁의 패배와 희생을 추모하는 왈츠 곡 〈만주의 언덕에서〉를 소개하였다. 이후 러시아는 입헌군주제, 황제의 퇴위와 과도 임시정부 구성으로 변화를 구하였으나 결국 레닌의 볼셰비키에 의해 소비에트 공산주의 혁명을 맞이하였다. 이와 관련하여 혁명 전후 세계 사회주의자들이 널리 불렀던 〈인터내셔널가(구소련 국가)〉를 소개하였다.

미국의 역사는 짧지만, 자유 입헌주의의 역사는 세계에서 가장 길다. 그러나 건국 당시의 헌법이 노예제를 용인하였음을 간과할 수는 없다. 이후 미국 헌정사는 곧 노예제 폐지와 흑백 차별 철폐의 역사라고 할 수 있다. 멕시코 전쟁은 노예제 확산의 중요한 전기였다. 그로부터 텍사스를 비롯하여 서부의 여러 주들이 미국 연방에 편입되었다. 텍사스 전쟁과 관련하여 〈텍사스의 노란 장미〉 등의 미국 민요를 소개하였다. 북부로 탈출한 노예를 남부 주인이 잡아 올 수 있게 한 도망노예법에 맞서 북부인들은 도망노예를 돕는 '지하철도' 운동을 전개하였다. 그에 관련한 노래로 〈북두칠성을 따라가요〉 등 흑인 영가들을 소개하였다. 남북 전쟁으로 노예제는 폐지되었지만, 해방노예 흑인들의 처지는 나아지지 않았다. 그들의 서글픈 일화가 담긴 흑인 영가 〈아무도 내 괴로움을 알지 못하리〉를 소개하였다.

이 책에서는 노래 가사들 전문을 번역하고 구체적인 역사적 맥락을 추적하였다. 국내에 잘 알려지지 않은 노래들도 소개되어 있다. 필자가 조사한 바로는 도망노예를 돕는 〈북두칠성을 따라가요〉, 멕시코 전쟁의 〈몬테레이 들판〉 그리고 독일 대학생들의 애국 노래 〈우리는 당당한 집을 지었다〉, 영국 자코바이트 운동 스코틀랜드 민요인 〈찰리 내 사랑〉 등의 경우 국내 한글 간행물과 인터넷 검색에서 가사 전문 번역은 아직 없는 것으로 생각된다.

또한 기존에 좋은 번역이 있는 노래들도 필자가 다시 번역하였다. 가사의 표현과 문맥을 재검토하고, 역사적 사실을 충분히 반영코자 하였다. 예컨대 〈라마르세예즈〉 가사 중 'Bouillé'는 프랑스 반혁명 왕당파 장군을 지칭하는 것으로 보아야 할 것이다. 〈인터내셔널가〉에서의 'tribun'은 고대 로마 공화정에서 유래하는 평민 옹호의 호민관을 의미하는 것으로 보아야 할 것이다.

이 책은 법학전문대학원(로스쿨)에서 동양/서양법제사 및 법철학 강의를 진행하면서 준비되었다. 실무 공부의 부담이 큰 로스쿨 교육과정에서 법제사 등 기초법학 과목을 어떻게 운영하는 것이 좋을지 고민하였다. 그 결과 기초법학 과목들은 '교양과목'처럼 운영하는 것이 좋겠다는 생각을 하였다. 학생들이 역사의 약동과 애환을 느낄 수 있기를 바랐다. 인문적 도야(Bildung)가 있는 강의를 희망하였다. 매 강의 그리고 학기말 뒤풀이 시간에 관련 음악들을 소개하였다. 이 책은 그러한 강의 보충 자료 모음이라고도 할 수 있다.

그러나 이 책은 학부 과정 교양 수업에 더 소용될 수 있을 것으로 생각한다. 그리고 무엇보다 음악과 역사 애호가들의 흥미에 맞을 수 있기를 기대한다. 최근 우리나라에서 음악과 역사에 대한 인문 교양서적들이 다수 출간되고 있다. 인터넷 지식과 콘텐츠도 급속하게 증가하고 있으며, 노래 가사들의 번역도 많이 나오고 있다. 이 책이 우리나라의 문화 수준과 시민들의 문화 욕구에 부응할 수 있기를 기원한다. 그리고 이 책의 내용과 가사 번역에 미처 생각지 못한 오류가 있을 것이다. 강호제현의 질정을 구한다.

차례

제1장

교황권의 쇠퇴와 종교개혁

중세 유럽 헌정질서는 통일적인 가톨릭 교황 최고권 체제였다고 할 수 있다. 근대는 그러한 교황의 최고권이 붕괴하면서 개별적인 주권 국가들이 독립해 가는 과정이라고 할 수 있다. 이는 중세 가톨릭과 교황의 권위가 약화됨과 개별 민족국가들의 일체성이 강화됨을 뜻한다. 이러한 근대 헌정질서는 종교개혁과 시민혁명의 과정으로 진행되었다. 루터의 종교개혁은 '만인사제주의'를 천명하여 사제 중심의 가톨릭 위계체제를 붕괴시켰으며, 칼뱅은 더 나아가 개신교 질서에 입각한 신정통치까지 염원하였다. 그러나 근대로 이행하는 과정은 평화롭지는 못하였다. 종교개혁은 동시에 가톨릭과 개신교 또 여러 개신교 유파들 상호 간 배타적 대립과 전쟁의 시대이기도 하였다. 참혹한 종교 전쟁을 거치면서 서양은 근대 관용과 자유의 개념을 획득해 나아간다.

이 장에서는 교황권의 전횡과 쇠퇴, 종교개혁과 가톨릭-개신교의 종교 전쟁 등 각 시기의 역사와 관련한 음악으로 베르디의 오페라 〈시칠리아의 저녁 기도〉, 루터의 찬송가 〈내 주는 강한 성이요〉 그리고 마이어베어의 오페라 〈위그노 교도들〉을 소개한다.

베르디의 오페라 〈시칠리아의 저녁 기도〉는 중세 교황권 전성기 교황의 개입으로 인하여 야기된 '시칠리아 전쟁'을 역사적 배경으로 한다. 교황은 시칠리아 왕국을 자신의 영향력하에 두기 위하여 프랑스 왕조를 이용하였고, 그것은 결국 시칠리아인들의 유혈 반란과 그리고 지중해를 둘러싼 유럽의 전쟁으로 이어졌다. 그 전쟁은 교황이 호소한 '십자군'이라는 성전이 어떻게 교황의 세속적 이해관계를 위해 오용되었는지를 보여주는 하나의 실례였으며, 결국 중세 교황권이 그 종교적 위엄과 권위를 상실하게 되는 계기가 되었다.

찬송가 〈내 주는 강한 성이요〉는 마르틴 루터가 직접 작사 작곡한 노래이다. 19세기 독일 낭만파 저항 시인 하이네는 루터가 제국의회의 종교 재판에 나갈 때 이 노래를 불렀다고 말하고 있다. 보름스 제국의회는 루터에 대한 이단 심문을 위한 자리로서 루터는 종교개혁 선구자인 후스처럼 화형당할 수도 있었다. 그러나 루터는 그 자리에서 굴함이 없이 자신의 신념을 떳떳하게 밝혔고, 독일 민중들과 일부 영주들의 지지를 받았다. 결국 교황과 황제는 루터를 단죄하는 데에 실패하였고, 중세 황제-교황의 통일적 체제는 균열되었다. 이후 루터의 이 노래는 근대 종교개혁과 개신교도들의 신념과 저항을 상징하는 음악이 되었다.

마이어베어의 오페라 〈위그노 교도들〉은 프랑스 종교 내전의 가장 참혹했던 '성 바돌로매 축일의 대학살'을 배경으로 하는 작품이다. 종교개혁 후 유럽의 대표적 가톨릭 국가인 프랑스에서도 칼뱅의 개신교를 신봉하는 위그노 교도들이 점점 세를 넓혀 갔다. 카트린 드 메디시스 모후가 책임지던 프랑스 왕실은 신구교의 대립을 완화하기 위하여 절충과 타협을 시도하였으나 성공하지 못하였다. 위그노 세력이 국왕을 좌우하는 단계에 이르자 가톨릭 대표 기즈 가문과 모후 카트린은 위그노들을 제거하기로 결정하였다. 바돌로매 축일의 대학살 이후 신구교의 전쟁은 더욱 격화되었으나, 앙리 4세의 '낭트 칙령'으로 비로소 개신교를 용인하는 관용이 법제화된다. 그러나 이후 루이 14세는 그 낭트 칙령을 폐지하여 위그노를 다시 박해하여, 결국 프랑스에 종교적 자유는 프랑스 혁명의 때를 기다려야 했다.

I. 중세 교황의 전횡과 시칠리아 전쟁:
〈시칠리아의 저녁 기도(베르디의 오페라)〉

베르디의 오페라 〈시칠리아의 저녁 기도(I Vespri Siciliani)〉는 1282년 이른바 '시칠리아 만종(晩鐘: 저녁 기도)' 사건을 배경으로 하고 있다. 베르디 작곡이며, 유젠 스크리브(Eugène Scribe)와 샤를 뒤베이리에(Charles Duveyrier)가 대본을 썼다. 1855년 프랑스 파리에서 초연되었으며 곧 다시 이태리어 대본으로 이탈리아 파르마에서 공연되었다.

앞서 본 바와 같이 당시 프랑스의 지배를 받던 이탈리아 시칠리아인들은 부활절 저녁 종소리를 기점으로 일제히 봉기하여 프랑스인들을 학살하고 독립을 쟁취하였다. 이 시칠리아 봉기는 단지 프랑스와 시칠리아의 전쟁에 그치는 것이 아니라 교황권 등 중세 지중해의 주요 왕국들이 개입된 사건이었다. 이는 결국 교황 권위의 쇠퇴로 귀결되었다.

1. 역사적 배경

당시 시칠리아라고 하면 현재 시칠리아섬만이 아니라 나폴리 이하의 이탈리아 남부를 포괄하는 지역이었다. 시칠리아 왕국은 원래 노르만 세력이 이슬람을 물리치고 확보한 것이지만, 이후 신성로마제국(독일) 황제의 영토로 편입되었다. 그러나 교황은 시칠리아 왕국을 교황권에 배속시키고 싶어 하였으며 이후 시칠리아를 둘러싸고 교황과 황제의 치열한 다툼이 전개된다.

신성로마제국 황제 프리드리히 2세가 사망하면서 사실상 호엔슈타우펜 왕조가 끝나게 되었다. 프리드리히 2세의 서자인 만프레드가 시칠리아의 권력을 계승하고자 하였으나, 교황이 개입에 나섰다. 교황은 프랑스 왕가를 움직였다. 프랑스 국왕 루이 9세의 동생인 앙주(Anjou)의 샤를(Charles)에게 시칠리아 왕위 계승권을 부여하였다. 샤를은 군대를 동원하며 만프레드를 제압하고 시칠리아를 장악하였다. 프리드리히 2세의 손자 콘라딘(Conradin)이 반격해 보았으나 실패하고 처형당했다.[1] 이렇게 하여 시칠리아에 대한 프랑스인들의 지배 체제가 형성되었다.

그러나 이는 아라곤(현 스페인 바르셀로나 지역)의 페드로 3세(Pedro Ⅲ de Aragón)를 분노케 하였다. 그는 만프레드의 딸, 즉 프리드리히 2세의 손녀와 결혼하여 시칠리아 왕국의 상속을 기대하고 있었기 때문이다. 한편 샤를은 시칠리아에 만족하지 않았다. 동지중해 정복이라는 또 다른 황제의 꿈을 꾸었다. 그리하여 동지중해 비잔틴 제국을 제압하기 위하여 베네치아와 동맹을 체결하였다.[2] 이는 당연히 비잔틴 제국의 반발을 불러왔다. 비잔틴 제국은 프랑스의 지배에 저항하는 시칠리아인들을 후원하고, 아라곤 페드로 3세의 군비증강을 도왔다.[3]

샤를은 지중해 패권 전쟁 준비를 위하여 시칠리아인들에게 과중한 세금을 물렸다. 프랑스 지배자들은 시칠리아인들을 경멸하고 착취하였다. 이는 시칠리아인들에게 민족적 반감과 의분을 불러일으켰다. 이렇게 시칠리아인들의 반란의 기운은 무르익어 갔다. 1282년 부활절 저녁 기도를 알리는 종소리와 함께 봉기가 시작되었다.

그 봉기의 주모자는 프로치다(Procida)로 알려져 있다. 여기서 소개하는 오페라의 극중 인물과 같은 이름이다. 프로치다는 원래 의사 출신이나 외교적 역량

이 뛰어났으며 비잔틴 황제 그리고 아라곤 페드로 3세의 지원을 받으며 반란을 조직하고 지도하였다.[4]

2. 베르디의 오페라 〈시칠리아의 저녁 기도〉

베르디의 오페라 〈시칠리아의 저녁 기도(I Vespri Siciliani)〉는 위와 같은 시칠리아 봉기를 배경으로 하고 있다. 그러나 오페라의 내용은 작가의 상상력에 의하여 가족 이야기 및 사랑 이야기로 짜였다.

프랑스 군인들은 고압적이고 무례한 태도를 보이고 시칠리아인들의 불만은 고조되어 간다. 독립운동가 프로치다가 해외 망명에서 돌아와 투쟁을 조직화한다. 엘레나와 그 연인 아리고도 저항에 동참한다. 시칠리아 총독 주재의 무도회가 예정되고 프랑스인들은 시칠리아 여성들을 납치하여 무도회로 향한다. 엘레나, 아리고, 프로치다는 무도회에서 시칠리아 총독 살해를 기획한다. 그러나 뜻밖으로 아리고는 총독의 잃어버린 아들이었음이 밝혀진다. 아리고는 번민 끝에 총독 살해를 저지하게 된다. 총독은 반란자들을 체포하고 처형을 지시한다. 그러나 아들 아리고의 호소에 모두 사면하고 아리고와 엘레나의 결혼식 준비를 명한다. 총독은 엘레나와 아리고의 결혼으로 시칠리아의 평화를 기대하였다. 그러나 프로치다 등 저항세력은 결혼식의 종소리를 신호로 총봉기를 기획한다. 엘레나는 끔찍한 운명의 갈림길에서 결혼식장에 들어가길 주저하나, 총독은 예식을 강행한다. 결국 종소리가 울리고, 시칠리아인들의 무자비한 학살이 시작된다.

아래에서는 오페라 마지막 결혼식 장면에서 엘레나가 하객들에게 감사를 표하고 시칠리아의 평화를 기원하는 아리아를 소개한다.

〈고맙습니다, 친애하는 벗들이여(Mercé, dilette amiche)〉[*]

작사: 유젠 스크리브(Eugène Scribe), 샤를 뒤베이리에(Charles Duveyrier)

번역: 정태욱(영어에 기초한 번역)

이탈리아어 가사	영어 번역	한글 번역
Mercé, dilette amiche,	Thank you, beloved friends,	감사합니다. 사랑하는 친구들이여,
Di quei leggiadri fior;	for these charming flowers	이렇게 아름다운 꽃들을 선물해
Il caro dono è immagine	The lovely gift is a reflection	주다니.
Del vostro bel candor!	of your heartfelt sincerity!	이 선물은 친구들의 순정한 마음을
Oh! fortunato il vincolo	Oh, welcome is the bond	반영합니다.
Che mi prepara amor;	that awaits me through love.	우리의 사랑을 위한 모임 얼마나
Se voi recate pronube	if you will bring me bridesmaids	행운인가요.
voti felici al core.	happy vows will fill my heart,	신부 들러리들이 되어 주신다면
•Mercè del don!•	•Thanks for the gift!• (repeat)	행복한 서약이 제 마음을 채울 것
Ah si! Ah, si!	Ah, yes! Ah, yes!	입니다.
Caro sogno, o dolce ebbrezza!	Dearest dream, oh, sweet intoxication!	감사합니다. 감사합니다.
D'ignoto amor mi balza il cor!	My heart leaps at this new love!	아, 예, 예. 소중한 꿈, 달콤한 황홀!
Soave un'aura già respiro	Already I breathe a soft air	내 심장은 지금 새로운 사랑에 뛰고
che tutti I sensi inebbriò.	that makes all my senses reel.	있습니다.
Oh, piagge di Sicilia	Oh, my Sicilian homeland,	나는 부드러운 공기를 호흡하고
risplenda un di seren.	a tranquil day shines bright.	감각은 소용돌이치고 있습니다.
Assai vendette orribili	Too much dreadful vengeance	오 나의 시칠리아 고국,
Ti lacerano il sen!	tears at your wounded heart!	조용한 햇살이 밝게 빛나는,
Di speme colma e immemore	Be filled with hope, forget the pain	너무 많은 끔찍한 복수가 너의 가
Di quanto il cor soffrì,	of all you have endured.	슴에 눈물을 새겼구나.
Il giorno del mio giubilo	May the day of my rejoicing	희망을 품자, 시칠리아여 그동안
Sia di tue glorie il dì,	be the day of your glory, too.	겪어온 고통을 잊어버리자.
Gradisco il don di questi fior	I welcome the gift of these flowers	내 오늘 기쁨의 날이 시칠리아 너
Ah, si! Ah, si!	Ah, yes! Ah, yes!	의 영광의 날이 되길.

---

[*]   노래 원가사와 영어 번역은 아리아 데이터베이스에서 가져왔다. https://www.aria-database.com/
search.php?individualAria=527

이탈리아어 가사	영어 번역	한글 번역
Caro sogno, o dolce ebbrezza!	Dearest dream, oh, sweet intoxication!	꽃들의 선물, 감사합니다.
D'ignoto amor mi balza il cor!	My heart leaps at this unknown	아, 예, 예. 소중한 꿈, 달콤한 황홀!
Soave un'aura già respiro	love!	내 심장은 미지의 사랑에 뛰고 있
che tutti I sensi inebbriò	Already I breathe a gentle air	습니다.
Io già respiro	that makes all my senses reel.	나는 부드러운 공기를 호흡하고
che tutti I sensi inebbriò.	Already I breathe an air	감각은 소용돌이치고 있습니다.
Inebbriò!	that makes all my senses reel.	나의 감각은 소용돌이치고 있습니다.
D'ignoto amor mi balza il cor!	My senses reel!	내 심장은 미지의 사랑에 뛰고 있
Il cor, balza il cor	My heart leaps at this unknown	습니다.
che tutti I sensi inebbriò.	love!	내 심장은 기쁨으로 뛰어 있습니다.
	My heart leaps with joy,	내 감각은 황홀합니다.

3. 이후의 전개과정

봉기가 성공한 후 시칠리아인들은 시칠리아섬에 자치 정부를 수립하고자 하였으나, 교황은 승인하지 않았다. 한편 샤를 왕은 이탈리아 본토에서 군대를 모집하여 재침을 기도하였다. 이에 시칠리아인들은 아라곤(Aragon)의 페드로 3세(Pedro Ⅲ)에게 도움을 요청하였다. 페드로는 군대를 이끌고 왔으며 시칠리아 왕국의 왕으로 추대되었다. 교황은 그에 격분하여 페드로 3세를 파문하고 프랑스 국왕 필립 3세에게 아라곤을 정벌할 것을 명하였다. 프랑스 필립 3세는 그 명을 수행하고자 아라곤을 공격하였으나 실패하고 사망하고 말았다. 결국 시칠리아는 아라곤 페드로 3세의 지배가 공고해졌고, 프랑스 앙주의 샤를은 이탈리아 본토 남쪽 지역(나폴리 왕국)만을 다스리는 것으로 정리되었다.

시칠리아 만종 사건은 교권과 속권의 관계에서도 하나의 분수령과 같은 사건이었다. 중세 전성기를 구가하던 교황은 시칠리아 지배에 실패하였고, 이후 급격한 쇠퇴의 시기로 접어든다. 시칠리아 왕국의 지배권에 대한 교황의 간섭 그리고 아라곤의 페드로 3세를 징벌하기 위한 전쟁 동원 등 교황의 야욕은 오히려 그 자신의 권위를 실추시키는 것이었다. 페드로 3세에 대한 전쟁, 즉 소위 '아라곤 십자군(Aragonese Crusade; 혹은 마르티누스 십자군)'은 교황 마르티누스가 선포한 전쟁이었다. 중세 십자군은 교황의 전략적 동원으로 악용되었던 것이다. 이와 같은 교황의 세속적인 집착과 세속 군주들과의 이전투구 속에서 교황의 신성한 권위는 존중받기 어려운 것이었다.

이제 각 나라의 군주들이 교황에 봉사하려 하지 않았다. 마침내 프랑스 필립 4세는 교황을 제압하기에 이른다. 앞서 보았듯이 프랑스 필립 3세는 아라곤 페드로 3세를 정벌하라는 교황의 십자군 명령에 출정하였다가 목숨을 잃은 바 있다. 아들 필립 4세는 그 전쟁에 종군하면서 부친의 허망한 죽음과 프랑스인들의 고역을 실감하였을 것이다. 필립 4세는 프랑스 내 교회와 수도원 재산 그리고 성직자들에 대하여 교황에게 양보할 의사가 없었다. 필립 4세는 교황과 정면 대결을 벌였으며, 교황 보니파키우스 8세는 수치 속에서 사망하였다. 필립 4세는 그에 그치지 않고 교황청을 아예 프랑스 영향권의 아비뇽으로 가져온다. 이로부터 소위 교황의 '아비뇽 유수(幽囚)(Avignon Papacy; 1309~1376)가 시작된다. 아비뇽 유수 동안 교황청의 부패는 더욱 심해졌으며, 각 나라에 종교개혁의 분위기가 대두하였다.

Ⅱ. 종교개혁:
〈내 주는 강한 성이요(루터의 찬송가)〉

〈내 주는 강한 성이요(Ein feste Burg ist unser Gott)〉는 종교개혁을 대표하는 노래이다. 마르틴 루터가 직접 작사 작곡한 것으로 알려져 있다. 가사는 신약 성경 시편에 기초한 것으로 생각된다. 작곡 연대에 대하여는 여러 이견이 있으나 1529년 찬송가집에 실려 있으므로 그 이전에 지어졌다고 할 수 있다.

루터의 종교개혁은 단지 새로운 기독교 탄생에 그치는 것이 아니라 새로운 역사, 새로운 헌정질서의 탄생을 알리는 사건이었다. 중세 교황 중심의 통일적 체제가 종말을 고하고 근대 민족국가의 시대 그리고 개인주의 시대를 여는 분수령이었다.

1. 역사적 배경

광부 집안의 성실하고 총명한 학생이었던 루터는 부친의 뜻에 따라 법학을 공부하다 회심을 하고 수도원에 들어가 평생 신앙의 길을 걸었다. 루터는 경건한 수도사였다. 능력을 인정받아 독일 작센(Sachsen)의 비텐베르크(Wittenberg) 대학의 교수와 설교사의 자격도 얻었다. 27세에 수도원 대표로 로마를 방문하기도 하였다. 꿈에 그리던 로마였으나 루터의 기대는 환멸로 바뀌었다. 교황청의 성직자들은 무지하고 부패했다. 교황 레오 10세는 가톨릭 재건보다 로마 재건을 위해 애썼다.

당시 독일, 즉 신성로마제국은 권력의 중심이 미약하였다. 황제가 있었지만 선제후(選帝侯: prince-electors)들과 각 영방(領邦)들(제후들의 나라)의 병립 체제였다.

통일을 이루지 못한 독일 인민들과 독일 교회는 로마 교황청의 손쉬운 수탈 대상이 되었다. 교황은 성직록을 최고 입찰자에게 판매하고, 교회 직책의 첫해 수입을 가져갔고, 튀르크족 방어를 위한 분담금을 강제하였다. 해마다 엄청난 돈이 독일인들에 대한 최소한의 감사와 보답도 없이 이탈리아로 흘러갔다.[5] 독일 전역에 반(反)로마 정서가 고조되고 있었다.

로마 교황청의 수탈은 면벌부(면죄부) 판매로 정점에 달하였다. 로마 베드로 성당 건축 기금을 위해 교황의 사절들이 전 유럽에 파견되었다. 독일의 선제후이자 마인츠(Mainz)의 대주교였던 알브레히트도 면벌부 판매에 열심이었다. 그는 여러 특권을 얻기 위해 교황에게 거액을 헌납하였고, 이제 그 벌충이 필요했던 것이다. 그러나 독일의 또 다른 선제후이자 작센 영방의 프리드리히(Friedrich)는 자신의 영토에서 면벌부 판매를 금지시켰다.

교황 사절 테첼(Tetzel)이 비텐베르크에 와서 면벌부를 판매하였다. 루터가 가르치던 학생들이 면벌부를 구매하고 죄 사함을 받았다고 주장하였다. 루터는 참담했다. 1517년 루터는 마침내 행동하였다. 이른바 95개조 반박문을 발표하였다. 마인츠의 알브레히트 대주교에게도 호소하였다. 그러나 이미 본 바처럼 마인츠 대주교에게는 면벌부 수입이 절실하였다. 1518년 아우크스부르크 종교회의에서 추기경의 심문이 있었고, 마인츠 대주교는 루터를 파문하였다. 루터는 동료 사제들에게 다시 호소하였다. 인쇄술의 발전에 힘입어 루터의 도전은 독일과 유럽 전역으로 퍼져나갔다. 독일의 많은 수도사들, 하급 성직자 그리고 프리드리히를 비롯한 지역 제후들이 루터를 지지하였다.

교황청은 루터의 파문에 신중했다. 신성로마제국 차기 황제의 문제가 결부되어 있었기 때문이다. 교황은 차기 황제로 작센 선제후 프리드리히를 선호하고 있었는데, 그는 루터 지지자였던 것이다. 그러나 차기 황제는 스페인의 카를

5세로 정해졌고, 카를 5세는 구교인 가톨릭의 수호를 천명하였다. 교황도 교서를 발부하였다. 루터의 주장을 이단으로 정죄하고 그의 주장을 철회하지 않으면 파문하겠다고 하였다. 또한 루터의 책들을 불태우게 하였다. 루터는 교황과 맞서기로 결심했고 독일인들이 루터의 뒤에 모이기 시작했다. 루터는 시민들과 학생들이 보는 앞에서 공개적으로 교황의 교서를 불태웠다. 루터는 믿음만으로 의로움을 얻을 수 있으며 세상에서의 모든 직업이 신의 일이며 신앙에 성실한 모든 이들이 바로 성직자라고 주장하였다. 이는 가톨릭 신학과 교황 성직자 체계를 전복하는 새로운 기독교였다.

1520년 1월 보름스(Worms)에서 신성로마제국 의회가 열렸다. 카를 5세 황제 취임 후 첫 번째 의회였다. 황제는 루터를 소환하고, 그 참석을 유도하기 위해 안전통행권을 부여하였다. 사람들은 루터의 출석을 만류하였다. 1세기 전 체코의 종교개혁가 후스(Jan Hus)가 안전보장을 믿고 콘스탄츠 공의회(Council of Constance)에 갔다가 체포되어 화형에 처해진 사건을 상기시켰다. 그러나 루터는 운명을 걸었다. 하인리히 하이네는 루터가 보름스 제국의회로 떠날 때에 '내 주는 강한 성이요'라는 노래를 불렀다고 하였다. 시적 영감으로 역사를 구성한 것이라고 생각한다. 하이네는 또한 루터의 그 노래를 프랑스 혁명에서의 '라 마르세예즈'에 비유하기도 하였다. 새 역사를 여는 진군의 혁명가로 본 것이다.

보름스 제국의회에서도 루터는 성실하고 강건하였다.

여기 숨김없고 간단한 대답이 있습니다. 성경의 증거와 명료한 이성에 비추어 저의 유죄가 증명되지 않는 이상 저는 교황들과 교회 회의 권위를 인정하지 않겠습니다…. 저의 양심은 하나님의 말씀에 사로잡혀 있습니다. 저는 아무것도 취소할 수 없고 하지도 않겠습니다. 왜냐하

면 양심에 어긋난 행동을 한다는 것은 옳지도 않을 뿐 아니라 안전하
지도 않기 때문입니다. 하나님이여, 이 몸을 도우소서, 아멘.[6]

또한 루터는 "저는 여기에 서 있고, 달리 어찌할 도리가 없습니다(Here I stand. I can do no other)"라고 말했다고 전해진다. 토머스 칼라일(Thomas Carlyle)은 보름스 제국의회에서의 이 루터의 연설을 근대 인류 역사에서 가장 위대한 순간으로 기록하고 있다.[7]

제국 의회에서 의견이 통일되지 않았다. 황제 및 다수파들은 루터를 단죄하고자 하였으나 작센의 선제후 프리드리히와 팔츠의 선제후 루트비히는 그에 동의하지 않았다. 그들은 먼저 보름스를 떠났다. 황제는 남아 있는 대표들과 함께 루터를 이단으로 선언하고 그를 법의 보호에서 배제할 것을 선언하였다. 다행히 안전통행의 약속은 지켜졌다. 루터는 비텐베르크로 돌아가던 중 작센의 선제후 프리드리히에게 '납치(사실은 보호)'되어 바르트부르크(Wartburg) 성에서 은신할 수 있었다.

2. 루터의 찬송가, 〈내 주는 강한 성이요(Ein feste Burg ist unser Gott)〉

이 찬송가 작곡의 배경에 관해서 여러 이견이 있으나, 하인리히 하이네는 루터가 보름스 제국의회(Diet of Worms)에 소환되어 갈 때 작곡한 것으로 말하고 있다.[8] 이 노래는 비유하자면 프랑스 혁명에서의 '라 마르세예즈'와 같이, 종교개혁과 개신교도들의 신념과 저항을 상징하는 노래가 되었다. 그리하여 후대의 작곡가들에 의해 계속하여 차용되었다. 바흐가 이 노래에 기초하여 코랄 칸타타(바흐 작품번호 80)를 작곡하였으며, 멘델스존은 그의 '종교개혁 교향곡(교향곡 제5번, 작품번호 107)'의 4악장과 5악장의 주제로 사용하였으며, 마이어베어는 그의

오페라 〈위그노 교도들(Les Huguenots)〉에서 개신교들의 결의를 나타내는 장면들에서 사용하였다.

아래 루터 작사의 원가사와 번역을 올리고, 이어서 우리나라 번안 찬송가 가사도 올린다. 찬송가 번안 가사가 매우 유려하다.

〈내 주는 강한 성이요(Ein feste Burg ist unser Gott)〉*
작사: 마르틴 루터(Martin Luther)
번역: 정태욱

원문 가사	한글 번역
Ein feste Burg ist unser Gott,	우리의 신은 강한 성이요
ein gute Wehr und Waffen.	좋은 무기이며 방패이다.
Er hilft uns frei aus aller Not,	주는 우리가 맞닥뜨리는 모든 곤경에서 구해 주신다.
die uns jetzt hat betroffen.	저 오랜 사악한 적은 큰 권세와 간교함으로 우리를
Der alt böse Feind	진실로 해치려고 하니
mit Ernst er's jetzt meint,	그의 끔찍한 무장은 지상에서 대적할 상대가 없도다.
groß Macht und viel List	우리 힘으로는 아무것도 할 수 없고,
sein grausam Rüstung ist,	우리는 곧 패배할 것이다.
auf Erd ist nicht seinsgleichen.	
Mit unsrer Macht ist nichts getan,	
wir sind gar bald verloren;	
es streit' für uns der rechte Mann,	그러나 신이 정해 주신 의로운 사람이 우리를 위해
den Gott hat selbst erkoren.	싸워 주신다.
Fragst du, wer der ist?	그가 누구냐고 묻느냐?
Er heißt Jesus Christ,	바로 예수 그리스도, 여호와이니,
der Herr Zebaoth,	다른 어떤 신은 없으며
und ist kein andrer Gott,	그는 전장을 이겨낼 것이다.

원문 가사	한글 번역
das Feld muss er behalten.	
Und wenn die Welt voll Teufel wär und wollt uns gar verschlingen, so fürchten wir uns nicht so sehr, es soll uns doch gelingen. Der Fürst dieser Welt, wie sau'r er sich stellt, tut er uns doch nicht; das macht, er ist gericht': ein Wörtlein kann ihn fällen.	세상이 악마로 가득 찰지라도 우리를 집어삼킬지라도 우리는 두렵지 않으니 우리는 승리하리라. 세상의 통치자 제아무리 독하게 굴어도 우리를 어쩌지 못하니 의로움은 행해지고, 그는 심판받으니 한마디만으로도 그를 쓰러뜨릴 수 있다.
Das Wort sie sollen lassen stahn und kein' Dank dazu haben; er ist bei uns wohl auf dem Plan mit seinem Geist und Gaben. Nehmen sie den Leib, Gut, Ehr, Kind und Weib: lass fahren dahin, sie haben's kein' Gewinn, das Reich muss uns doch bleiben.	주님의 언어 세상에 펼쳐질지니 어떻게 감사를 표할 수 있으리오. 주님은 우리에게 섭리로 임재하니 성령과 축복이니라. 그들이 생명을 가져가라고 하여라. 재산, 명예, 자식과 부인을 빼앗아 가라고 하여라. 그냥 그리되도록 하여라. 그들에게 아무 이득도 없음이라. 왕국은 변함없이 우리에게 남아 있도다.

† 개신교 찬송가 585장 - 내 주는 강한 성이요 †

1. 내 주는 강한 성이요 방패와 병기 되시니
   큰 환난에서 우리를 구하여 내시리로다
   옛 원수 마귀는 이때도 힘을 써 모략과 권세로
   무기를 삼으니 천하에 누가 당하랴

2. 내 힘만 의지할 때는 패할 수밖에 없도다
   힘 있는 장수 나와서 날 대신하여 싸우네
   이 장수 누군가 주 예수 그리스도 만군의 주로다
   당할 자 누구랴 반드시 이기리로다

3. 이 땅에 마귀 들끓어 우리를 삼키려 하나
   겁내지 말고 섰거라 진리로 이기리로다
   친척과 재물과 명예와 생명을 다 빼앗긴대도
   진리를 살아서 그 나라 영원하리 아멘

3. 이후의 전개과정

　루터에서 촉발된 종교개혁은 중세 교황-황제 체제를 붕괴시키고 나아가 새로운 세상을 위한 도전과 혼돈을 촉발시켰다. 한편에서는 농민들의 반란이 있었고, 다른 한편에서는 각 국가의 주권적 지위가 강화되었다.

　농민들은 농민들의 세상, 새로운 공동체를 꿈꾸었다. 루터 신학의 '만인사제주의'는 곧 만민평등의 이상으로 연결될 것이었다. 농민들은 영주 세력을 향해 돌진하였다. 반란이 폭풍처럼 휘몰아쳤다. 특히 신비주의자 토마스 뮌처(Thomas Münzer)는 '천년 왕국'의 열망을 고취하였다. 그러나 루터는 기독교의 평화를 말하며 농민반란에 반대하였다. 그리고 세속 영주들의 진압을 옹호하였다. 루터는 '두 왕국 이론'을 내세웠다. 지상의 나라와 하늘의 나라를 구분하였다. 세상에서의 육체와 재산에 대하여는 통치자의 지배권을 인정하고, 영혼과 신앙에 대하여는 종교적 자율성을 확보하고자 하였다. 농민반란은 진압되었다.

　영주들도 루터의 종교개혁에 호응하였다. 영주들은 교회 및 수도원 토지를 압수하고 세금을 부과할 수 있었으며, 부적격 성직자 퇴출, 예배의 단순화, 빈민 구제, 학교 건설 등 교회 개혁에 착수하였다. 또한 영주들은 농민반란을 진압함으로써 세를 과시하였다. 황제 카를 5세가 다시 구교 가톨릭을 강화하려고 하자 작센의 프리드리히 등 개신교 영주들과 도시 대표들은 항의(protest)를 선언하였다. 이로부터 개신교도에 '프로테스탄트'라는 명칭이 생겨났다. 황제는 이들 개신교 동맹 세력을 무산시킬 수 있었으나, 결국 개신교 영방(領邦)을 승인하

지 않을 수 없었다. 1555년 아우크스부르크 종교 화약에서 '영토가 속하는 자
(영주)에게 종교도 속한다(Cuis regio, eius religio; whose realm, their religion)'의 원칙이 합
의되었다. 이러한 원칙은 1648년 30년 전쟁의 결과인 베스트팔렌 조약에서 보
다 넓게 확인되었다. 이로써 교황-황제의 중세 가톨릭 체제는 분열하였고, 각
국가가 주권적 지위를 획득하는 근대 국제질서가 태동하였다.

한편 루터 이후 칼뱅에 의한 새로운 종교개혁의 흐름이 거세게 전개되었다.
칼뱅은 루터에 기초하되 루터보다 더 나아갔다. 믿음과 은총에 의한 구원에 더
하여 신의 선택과 예정을 강조하였다. 신에 의해 선택되었다는 선민의식으로
무장한 개신교가 탄생하였다. 칼뱅의 제자들은 스코틀랜드에 장로교를, 잉글랜
드에 청교도를, 프랑스에 위그노를 전파하였다. 각 나라에서 가톨릭을 포함한
배타적 기독교들 사이에 종교 내전이 발발하게 된다.

Ⅲ. 프랑스 종교 내전과 성 바돌로매 축일 대학살: 〈위그노 교도들(마이어베어의 오페라)〉

자코모 마이어베어의 〈위그노 교도들(Les Huguenots)〉은 프랑스 종교 전쟁 중 가장 끔찍한 학살 사건인 '바돌로매 축일의 대학살(St. Bartholomew's Day massacre)'을 배경으로 한다. 유진 스크리브(Eugène Scribe)와 에밀 드샹(Émile Deschamps)이 대본을 썼다. 1836년 파리에서 초연되었다.

성 바돌로매 축일의 대학살은 1572년 프랑스 왕실의 실권자 모후 카트린 드 메디시스(Catherine de Médicis)의 승인하에 가톨릭 세력이 위그노(개신교) 세력을 일제히 학살한 사건을 말한다. 프랑스 종교 내전 역사에서 가장 참혹했던 사건이다.

1. 역사적 배경

루터와 칼뱅의 종교개혁 이후 유럽은 종교 전쟁의 도가니 속으로 빠져든다. 영국에서는 헨리 8세의 수장령 이후 국교회와 청교도 그리고 가톨릭이 대립하였고, 프랑스에서는 가톨릭과 위그노가 대립하였다.

성 바돌로매 축일 대학살은 흔히 프랑스 모후(母后) 카트린 드 메디시스(Catherine de Médicis)의 결정에 의한 것으로 알려져 있다. 그러나 카트린 드 메디시스는 원래 가톨릭과 위그노의 화해와 공존을 추구했던 여인이었다. 카트린은 이탈리아 교황 가문 출신으로 가톨릭 신도였으나 극렬 가톨릭은 아니었다. 다만, 카트린의 화해정책은 신구교들의 극단적 적대를 통제하지 못하고 도리어 그에 휩쓸려 들어갔다고 할 수 있다.

카트린 드 메디시스는 부군인 앙리 2세(Henry Ⅱ)가 불의의 사고로 사망하면서 이후 프랑스의 진로를 책임질 위치에 서게 된다. 카트린은 10명의 자녀 가운데 4명의 아들을 두었다. 프랑수아 2세, 샤를 9세, 앙리 3세 그리고 알랑송 공작이 그들이다. 이들 가운데 앞 3명의 아들들이 차례로 프랑스 국왕의 지위에 올랐다. 프랑스 내전 한복판의 위태로운 시대 카트린은 자식들의 국왕으로서의 지위 보전과 왕국의 유지에 부심하였다.

프랑수아 2세가 왕위에 오른 1559년 위그노의 세력은 최고조에 달했다. 궁정의 실세였던 기즈(Guise) 가문은 위그노의 척결을 주창하였다. 위그노는 탄압에도 불구하고 세를 계속 확산하였다. 프랑수아 2세는 병약하여 곧 세상을 뜨고, 그의 아우인 샤를 9세가 왕위를 이었다. 샤를 9세는 열 살에 불과하였고, 카트린 드 메디시스가 섭정을 실시하였다.

카트린은 관용 정책으로 방향을 전환하였다. 인문주의자 재상 로피탈(Michel de l'Hôpital)을 중용하여 투옥된 위그노를 석방하고, 처형을 중단시켰다. 그리고 구교와 신교를 함께 소집하여 푸아시(Poissy)에서 토론회를 열었다. 1562년 마침내 위그노들이 시내가 아닌 별도의 장소에서 예배를 드리는 것을 허용하는 '생제르맹 칙령(Edict of Saint-Germain)'을 반포하였다.

또한 카트린은 그의 딸 마르그리트를 나바르 왕 앙리(King of Navarre; 후에 프랑스 앙리 4세 Henry Ⅳ)와 혼인시키고자 하였다. 신교와 구교의 왕가들을 결합함으로써 종교 분쟁을 잠재우고자 하였던 것이다. 나바르의 앙리는 유력한 왕위 계승권자이면서 신교도의 영수였다.

그러나 준비가 안 된 화해는 오히려 분쟁을 격화시켰다. 생제르맹 칙령으로 신교도들이 궁정 출입이 가능해지면서 신교도의 지도자 해군 제독 콜리니(Gaspard de Coligny)는 샤를 9세에 대한 영향력을 넓혀 갔다. 콜리니는 나바르의 앙리와 마르그리트의 결혼 소식에 위그노의 승리를 확신하였다. 제독의 포부는 유럽 무대를 향하였다. 스페인의 지배를 받던 플랑드르(네덜란드) 신교도들을 무력 지원하고자 하였다.

카트린은 콜리니 제독의 독주에 경악하였다. 대다수가 가톨릭교도인 프랑스 국민들은 스페인과의 전쟁을 반대할 것이라고 생각했다. 무엇보다 자기 아들 샤를 9세가 콜리니 제독의 '소유물'이 될 것을 두려워하였다. 절치부심하던 기즈 가문도 결단을 내렸다. 기즈 일당은 콜리니 제독 살해에 대한 카트린의 승인을 받았다. 콜리니 제독 암살을 승인함으로써 카트린은 그동안 추구해 온 화해 정책이 불가능한 것이었음을 자인한 셈이었다.

콜리니 제독 암살은 실패로 돌아갔다. 샤를 9세는 공개수사를 명하였다. 카트린은 막다른 골목에 몰리게 되었다. 연루 사실이 드러나면 본인은 물론 샤를 9세의 보위도 온전치 못하리라고 생각했다. 카트린은 아들 샤를 9세에게 읍소하였고, 샤를은 모친의 편에 서서 콜리니 제독의 제거를 용인하였다. 나바르의 앙리와 마르그리트 결혼의 축제 기간은 이어지고 있었으며 유력 위그노들은 여전히 파리에 체류하고 있었다.

성 바돌로매 축일 새벽에 국왕의 근위대와 기즈 가문 및 가톨릭 영주들의 병사들이 행동을 개시하였다. 콜리니 제독이 먼저 살해되었다. 삽시간에 200여 명의 개신교 지도자들이 살해되었다. 파리는 살육으로 물들었다. 파리에서 3일간 학살이 계속되었고, 부유한 위그노들이 약탈당했다. 광포하고 잔혹한 분위기는 지방으로 퍼져나가 약 3달 동안에만 1~2만 명이 학살되었다.

카트린의 바돌로매 축일 대학살 결정은 아들인 샤를 9세를 보호하고 프랑스가 대외 전쟁에 빠지는 것을 막기 위한 선택이었다고 할 수 있다. 종교 분쟁은 거의 대부분 정치적 이해관계와 얽혀 있고, 정치적 생사 투쟁이 종교적 생사 투쟁을 격화시킨다.

2. 마이어베어의 오페라 〈위그노 교도들(Les Huguenots)〉

마이어베어의 오페라 〈위그노 교도들〉은 위와 같은 바돌로매 축일의 학살 사건을 배경으로 한다. 가톨릭과 위그노의 적의에 찬 대립 그리고 화해의 시도 등 프랑스 종교 내전을 묘사하고 있다. 그러나 이야기는 작가의 상상력의 산물 이다. 나바르의 여왕 마르그리트는 신구교도들 사이의 화해를 위해 양 가문의 혼인을 추진한다. 구교도 생 브리 가문의 발렌틴과 신교도 라울의 혼인을 주선 한다. 그러나 발렌틴의 부친은 전투적인 가톨릭교도로서 신교와의 혼인을 허용 하지 않는다. 우여곡절 끝에 발렌틴과 라울은 서로의 사랑을 확인하는데, 바야 흐로 가톨릭에 의한 대학살이 시작된다. 발렌틴은 라울에게 가톨릭으로의 개종 을 청원하지만, 라울은 고심 끝에 자신의 종교를 지킨다. 발렌틴이 마침내 가톨 릭 신앙을 포기하고 사랑하는 라울과 운명을 같이하기로 결심한다.

이 오페라에서도 소개할 노래는 앞서 루터 편에서 보았던 루터의 찬송가 〈내 주는 강한 성이요〉다. 마이어베어는 이 노래를 오페라 전편에 걸쳐 사용하 고 있다. 제1막에서 라울의 하인이자 경건한 위그노 마르셀은 가톨릭교도들이 여흥을 즐기는 자리에서 자신의 신념을 표현하기 위하여 이 노래를 부른다. 제 5막에서 대학살이 시작되는 상황에서 위그노들이 교회에서 농성하며 가톨릭으 로의 개종을 거부하는 장면에서 이 노래 합창 소리가 들린다.

3. 이후의 전개과정

대학살 이후에도 신구 세력의 전쟁은 계속되었다. 콜리니 제독에 의지했다가 마침내 그의 살해를 승인하게 된 샤를 9세는 병을 얻었고 2년 후 사망하였다. 카트린의 3번째 아들 앙리 3세가 왕위를 이었다. 앙리 3세는 종교 내전을 완화시키고자 신교도들의 권익을 일부 인정해 주고자 하였다. 카트린의 넷째 아들 알랑송이 사망함에 따라 다음 왕위 계승자는 나바르의 앙리가 될 참이었다. 이미 본 바와 같이 나바르의 앙리는 개신교의 영수였다. 가톨릭 세력은 더욱 전투적이 되었다. 위그노 국왕을 인정할 수 없었다. 소위 '가톨릭 동맹'을 결성하여 파리를 점령하였다. 기즈 가문은 아예 왕위를 찬탈하고자 하였다. 스페인은 가톨릭 동맹을 후원하였다.

그런데 스페인의 '무적함대'가 영국에 패하였다는 소식이 전해졌고, 가톨릭 세력은 주춤하였다. 앙리 3세는 가톨릭 동맹의 영수인 기즈 공작을 암살하였다. 그러나 이는 다시 앙리 3세에 대한 암살을 불러왔다. 앙리 3세는 임종 시 나바르의 왕 앙리에게 왕위 계승을 인정하고, 그에게 가톨릭으로의 개종을 권유하였다. 프랑스 가톨릭 동맹은 신교도 국왕에 반대하여 파리 농성을 풀지 않았다. 앙리 4세의 포위 공격에도 4개월을 버텼다. 앙리 4세가 결단을 내렸다. 가톨릭으로 개종할 것을 선포하였다. 왕의 군대와 가톨릭 동맹은 휴전하였다. 파리 시민들이 환호하였다. 앙리 4세는 샤르트르(Chartres)에서 대관식을 거행한 후, 파리로 진군하여 잔존 '극렬' 가톨릭 세력을 제압하였다.

그리고 마침내 1598년 낭트 칙령(Edict of Nantes)이 반포되었다. 개신교 종파가 허용되었고, 신교도들도 가톨릭교도와 같이 시민적 권리를 누리고, 동일한 직책을 맡을 수 있게 되었다. 집회와 교육의 자유도 누릴 수 있었다. 국왕은 신교도들을 보호하기 위하여 150여 군데 지역에 안전지대를 조성하였다. 이 낭트 칙령은 유럽 근대에 '관용'의 원리를 최초로 제도화한 이정표라고 할 수 있다. 그러나 프랑스에서 가톨릭의 국가 종교로서의 지위에는 흔들림이 없었다. 이후 루이 14세는 다시 위그노 교도들을 억압하였고, 낭트 칙령을 폐지하였다. 프랑스에서 개신교의 자유는 프랑스 혁명 때를 기다려야 했으며, 정교분리의 원칙이 공식 확정된 때는 1905년이었다.

제2장

영국 시민혁명

영국 시민혁명은 유럽 근대 헌정사의 길잡이와 같은 사건이었다. 영국 시민혁명은 전 유럽 헌정사에 정치적 입헌주의, 종교적 관용과 자유의 이정표를 세웠다. 또한 영국 시민혁명은 유럽의 가톨릭 세력에 대항한 영국 민족의 종교개혁의 과정이라고도 할 수 있다. 영국 시민혁명은 청교도혁명(영국 내전)과 명예혁명의 2단계로 구성된다. 청교도혁명은 국왕을 처형하고 국교회를 폐지하는 등 공화정과 종교 자유(가톨릭 반란 세력은 제외)의 체제를 시험하였으나, 크롬웰 사후 왕정과 국교회는 회복되었다. 복고된 왕정이 다시 프랑스의 지원을 받으며 절대군주제와 가톨릭으로의 회귀를 도모하자, 영국 의회는 정파를 초월하여 국왕을 축출하는 데에 성공하였다('명예혁명'). 이후 쫓겨난 제임스 2세의 후손들이 가망 없는 반란을 시도하였으니 이는 영국 시민혁명의 여진이었다고 할 수 있다.

영국 시민혁명의 각 시기에 관련된 음악으로 벨리니의 오페라 〈청교도〉, 퍼셀의 세미 오페라 〈요정 여왕〉 그리고 영국 국가 〈신이여 국왕을 지켜주소서〉, 헨델의 〈유다스 마카베우스〉 그리고 스코틀랜드의 전래 민요들을 소개한다.

벨리니의 오페라 〈청교도〉는 영국 청교도혁명을 역사적 배경으로 한다. 청교도혁명은 왕권신수설의 절대군주를 옹호하는 왕당파와 입헌주의와 종교적 관용을 주장하는 의회파의 대결이었다고 할 수 있다. 의회파의 주력이었던 크롬웰 청교도 세력은 찰스 1세를 처형하고 영국 국교회를 폐지하는 등 영국 역사에서 유일무이한 공화제 통치를 실시하였다. 이 오페라는 그러한 역사적 사실을 무대로 한 가공된 러브 스토리이다.

퍼셀의 세미 오페라 〈요정 여왕〉은 영국 명예혁명으로 새로운 군주가 된 윌리엄 3세와 메리 2세 여왕(공동 군주)에 대한 찬양 음악이었다. 크롬웰 사후 왕정이 복고되었지만, 찰스 2세와 그를 이은 제임스 2세는 다시 프랑스와 같은 절대군주제 가톨릭 국가로 만들려는 무모한 시도 끝에, 결국 명예혁명으로 축출되었다. 잉글랜드 의회는 네덜란드의 윌리엄 오렌지 공과 그 부인이자 제임스 2세의 장녀 메리 2세(개신교)를 새로운 군주로 옹립하였다. 또한 권리장전으로 향후 가톨릭교도의 왕위 계승을 금지하고(이는 현재까지 영국 불문헌법으로 유효하다), 의회 중심의 입헌주의 원칙을 확립하였으며, 관용법으로 종교 자유의 이정표를 세웠다.

영국 국가 〈신이여 국왕을 지켜주소서〉, 헨델 오라토리오 〈유다스 마카베우스〉 그리고 스코틀랜드 민요들은 제임스 2세의 후손들이 일으킨 '자코바이트' 반란과 관련된 음악들이다. 명예혁명 후 축출된 제임스 2세와 그 후손의 정통성을 주장하는 세력들이 잔존하였다. 이들을 자코바이트(Jacobites)라고 한다. 제임스 2세의 아들 그리고 손자를 중심으로 하는 반란은 1688년 명예혁명 이후 50여 년 지속되었다. 마침내 1745년 컬로든 전투에서 자코바이트들은 결정적 패배를 당하였다. 이때 영국 런던에서는 〈신이여 국왕을 지켜주소서〉라는 노래가 울려 퍼졌으며, 그 군대들을 환영하기 위하여 헨델은 〈유다스 마카베우스〉

를 작곡하였다. 한편 자코바이트의 근거지였던 스코틀랜드에서는 제임스 2세의 손자(이른바 '소왕위 요구자')인 찰리 에드워드를 지지하고 동정하는 노래들이 많이 만들어졌다.

Ⅰ. 영국 청교도혁명:
〈청교도(벨리니의 오페라)〉

오페라 청교도(I Puritani)는 이러한 청교도혁명(영국 내전)을 배경으로 한다. 빈첸초 벨리니(Vincenzo Bellini) 작곡이고 카를로 페폴리(Carlo Pepoli)가 대본을 썼다. 앙슬롯(Ancelot)과 상틴(Santine)의 희곡 '원두당과 기사들(Têtes Rondes et Cavaliers)'에 기초를 두고 있다. 원두당과 기사들이란 바로 영국 청교도혁명 당시 의회파와 왕당파의 별칭이었다. 1835편 파리의 이탈리아 극장(Théâtre-Italien)에서 초연되었다.

청교도혁명은 오늘날 보다 중립적인 표현으로 '영국 내전(English Civil War)'이라 얘기되지만, 청교도들의 종교적 신념이 혁명의 원동력이었다. 청교도혁명의 결과 군주인 찰스 1세가 처형되고 10여 년 동안 크롬웰의 청교도 공화국의 시대를 경험하였다. 크롬웰 사후 왕정이 복고되어 찰스 1세의 아들 찰스 2세가 왕위를 계승하였다.

1. 역사적 배경

영국 청교도혁명의 연원은 튜더 왕조의 종교개혁으로 거슬러 올라간다. 튜더 왕조 종교개혁은 헨리 8세의 수장령(Act of Supremacy), 즉 교황의 지배권을 부정하며 영국 국교회(The Anglican Church)를 수립한 데에서 시작한다.

영국 국교회는 안팎의 도전에 직면한다. 하나는 국내외 가톨릭 세력의 공세이고 다른 하나는 철저한 종교개혁을 요구하는 청교도들의 도전이었다. 엘리자베스 1세(여왕)는 그 양 세력을 적절히 견제하면서 의회와 동반자 관계를 형성하며 영국 국교회를 정립해 나갔다.

한편 가톨릭 진영은 마침 잉글랜드에 피신해 온 메리 스튜어트를 옹립하고자 하였다. 메리 스튜어트는 가톨릭교도로서 스코틀랜드 여왕이자 잉글랜드 왕위 계승권자였다. 수차례 내란 음모에 연루되면서 결국 메리 스튜어트는 처형당한다. 엘리자베스 여왕은 후사가 없었고, 스코틀랜드의 제임스 6세가 잉글랜드 국왕 제임스 1세가 되었다. 공교롭게도 이 제임스 1세는 엘리자베스 여왕에게 처형당한 메리 스튜어트의 아들이었다. 이로써 튜더 왕조가 끝나고 스튜어트 왕조가 시작된다.

제임스 1세는 왕권신수설의 신봉자였으며 청교도들을 좋아하지 않았다. 하원의 다수를 구성한 청교도 세력과 갈등이 고조되었다. 제임스 1세의 아들 찰스 1세가 왕위를 계승하면서 갈등은 증폭되었다. 찰스 1세는 프랑스의 왕녀 가톨릭교도 마리아(Henrietta Maria)를 왕비로 맞이하였다. 잉글랜드 왕실에 로마 교황청 사절들이 마음대로 드나들었으며 국교회는 가톨릭과의 연속성을 강조하는 '고교회파(High Church)' 쪽으로 이행해 갔다. 캔터베리 대주교이자 왕의 수석 자문관인 윌리엄 로드(William Laud)는 교회 안에서의 청교도들의 설교를 억압하였으며 성찬식에서 평신도에게 무릎을 꿇게 하는 등 가톨릭 복귀의 의심을 샀다.[1]

또한 찰스 1세는 왕권신수설에 입각하여 의회를 무시하였다. 의회를 해산하고 의회 없이 통치하고자 하였다. 사문화된 법조문을 뒤져 새로운 왕의 대권으로 세금을 부과하였다. 선박세(ship money)의 부과가 그 대표적인 사례이다. 나아가 찰스 1세는 국교회를 자신의 또 하나의 왕국인 스코틀랜드에도 강요하였다. 장로교가 확립되어 있던 스코틀랜드인들은 저항하였다. 스코틀랜드인들은 '국민 서약(National Covenant)'에 서명하고 교회를 지키는 데에 생명과 재산을 바칠 것을 맹세하였다(1638).[2] 찰스 1세는 스코틀랜드와의 전쟁을 위한 재정이 필요했다. 국왕은 불가불 잉글랜드 의회를 소집하였다. 그러나 의회는 왕과 대결을 준비하였다. 국왕의 자문관이자 주교인 윌리엄 로드를 처형하고, 선박특별세를 없애고, 왕의 특권법정(성실청; Star Chamber)을 폐지하였다.

찰스 1세와 의회의 대립이 고조되는 중 아일랜드에서 가톨릭교도들의 폭동이 일어났다. 잉글랜드 정착민들이 학살되었다. 왕과 의회는 아일랜드 정벌에는 의견이 일치하였지만, 문제는 군대의 지휘권이었다. 의회의 청교도들은 아일랜드의 가톨릭 반란군과 찰스 1세가 연합할 것을 우려하였다. 찰스 1세도 군대의 지휘권을 의회에 넘겨줄 수 없었다. 타협의 여지가 없었다. 왕은 호위대를 이끌고 의회에 진입, 지도자들을 체포하려 하였다. 이로써 1642년 영국 내전, 즉 '청교도혁명'이 발발하였다.

영국 전역은 왕당파와 의회파로 갈라졌다. 왕당파는 허세 부리는 군 장교라는 의미에서 '기사당(Cavaliers)'으로, 의회파는 가발을 쓰지 않는 맨머리의 평민이라는 의미에서 '원두당(Roundheads)'으로 불리었다.[3] 처음에는 왕당파가 우세하였지만, 의회파의 올리버 크롬웰이 신형군(New Model Army)을 조직하고 전세를 바꾸어 놓았다. 크롬웰과 그 부대는 청교도의 사명감으로 단결되어 있었다. 1646년 왕의 항복으로 내전은 일단락되었다.

그러나 승리한 의회파 내에서의 분열이 생겼다. 다수(장로파)는 장로교를 영국에도 도입하는 것을 조건으로 왕의 복위에 찬성하였다. 그러나 크롬웰 중심의 군대 세력은 그에 반대하였다. 장로교나 국교회가 아니라 정교분리, 즉 모든 기독교 신앙의 자유를 주장(독립파)하였다. 의회의 분열을 틈타, 찰스 1세가 1648년 다시 세력을 규합하여 내전을 재개하였다. 그러나 크롬웰은 왕당파를 제압하였고 찰스 1세는 포로로 잡혔다. 왕의 신병 처리를 둘러싸고 의회 내에 논란이 지속되자 크롬웰의 군대는 장로파 의원을 배제하고('프라이드 숙청') 100

명의 독립파 의원들로만 의회를 구성하였다(둔부 의회: Rump Parliament). 이들은 찰스 1세에게 '반역죄'를 적용하여 사형에 처하였다. 찰스 1세의 처형과 함께 왕위는 폐지되고 의회의 귀족원도 철폐되었다(1649년). 영국 역사상 유일무이한 공화국의 경험이었다.

2. 벨리니의 오페라 〈청교도(I Puritani)〉

이 오페라는 영국 청교도혁명을 배경으로 한 연인들의 사랑 그리고 기사도의 이야기이다. 왕당파와 의회파의 정파적 차이에도 불구하고 명예로운 기사도를 잘 표현하고 있다. 역사적 사건을 배경으로 하고 있지만, 왕비의 체포와 구출 등 줄거리는 작가의 상상력이 발휘된 것이다. 찰스 1세의 왕비 마리아는 내전이 발발하기 직전 이미 네덜란드로 거처를 옮겼고, 후에는 친정인 프랑스로 망명하였다. 따라서 의회파에게 체포될 일은 없는 것이다.

의회파 발톤 경은 딸 엘비라의 남편으로 같은 의회파 리카르도를 생각하였지만, 엘비라는 왕당파 아르투로를 사랑한다. 결국 발톤 경은 엘비라와 아르투로와의 결혼식을 준비한다. 엘비라를 흠모하던 리카르도는 상심하였지만, 모두 행복한 결혼식을 기대한다. 발톤 경은 중요한 여죄수를 호송해야 하는 책임을 맡게 된다. 그 여죄수는 바로 찰스 1세의 왕비 마리아였다. 왕당파 아르투로는 충성심으로 결혼식을 미루고 왕비를 구출하여 성을 빠져나간다. 리카르도는 그것을 알면서도 그들이 탈출할 수 있게 방관한다. 아르투로와의 결혼을 그리던 엘비라는 아르투로가 다른 여자와 사라졌다는 소식에 충격을 받고 실성한다. 의회는 아르투로에게 사형을 선고한다. 리카르도는 엘비라가 마음을 돌릴 것을 기대하였으나 엘비라는 일편단심 아르투로에 대한 사랑뿐이다. 아르투로는 죽음을 각오하고 다시 돌아와 엘비라와 재회한다. 아르투로는 자초지종을 얘기하고 엘비라는 오해가 풀리며 환희에 가득 찬다. 아르투로는 반역 혐의로 체포되어 사형 집행을 기다린다. 그러나 마침내 크롬웰에 의한 사면 소식이 전해진다.

여기서는 오페라 제1막 아르투로와 엘비라의 결혼식 준비 장면에서 아르투로가 부르는 사랑의 아리아를 소개한다. 생사를 가르는 정파의 차이에도 불구하고 지고지순한 사랑의 아름다움을 노래하고 있다.

〈아, 다정한 그대여, 그대에게 사랑을(A te, o cara, amor talora)〉[*]
가사: 카를로 페폴리(Carlo Pepoli)
번역: 정태욱(영어에 기초한 번역)

이탈리아어 가사	영어 번역	한글 번역
A te, o cara, amor talora Mi guidò furtivo e in pianto; Or mi guida a te d'accanto Tra la gioia e l'esultar. Al brillar di sì bell'ora, Se rammento il mio tormento Si raddoppia il mio contento, M'è più caro il palpitar.	To you, oh dear one, love at times lead me furtively and in tears; now it guides me to your side in joy and exhultation. At the radiance of such a beautiful hour if I renew my torment, it redoubles my happiness, 'tis more dear the (heart's) beating	사랑은 나를 그대에게 비밀스럽게 그리고 눈물로써 인도해 주었소. 이제 나를 그대 곁으로 안내하고 있소 기쁨과 환희 속에. 이렇게 아름다운 시간의 광휘 속에 내 고통을 상기하는 것은 행복을 배로 늘려줄 뿐이오. 아, 내 심장은 더욱 소중하게 박동하고 있소.

3. 이후의 전개과정

크롬웰 사후 의회는 왕정복고를 결정하고, 프랑스에 망명해 있던 찰스 2세를 불러왔다. 모후인 헨리에타 마리아도 프랑스에서 영국으로 돌아왔다. 이후 마리아는 영국과 프랑스를 오가다 1669년 프랑스에서 생을 마친다.

---

[*] 이탈리아어 대본과 영어 번역은 아리아 데이터베이스 사이트에서 가져왔다. https://www.aria-database.com/search.php?individualAria=835

찰스 2세는 의회에 의해 왕위가 회복되었음에도 의회를 무시하는 왕의 대권을 주장하였다. 더욱이 찰스 2세는 가톨릭에 경도되었다. 당시 유럽 대륙의 패권자인 프랑스의 루이 14세와 밀약을 맺고 잉글랜드를 가톨릭으로 복귀시키려고 하였다. 특히 찰스 2세 이후 왕위 계승이 문제 되었다. 찰스 2세는 적자(嫡子)가 없었고, 그 동생 요크 공(이후 제임스 2세)이 왕위 계승권자였다. 요크 공은 공개적인 가톨릭 신도였다.

의회의 급진파 '휘그당'은 가톨릭 신도의 왕위 계승을 금지하는 '배제법안(Exclusion Bill)'을 제출하였으나 찰스 2세는 의회를 해산하였다. 의회의 온건파 토리당은 왕의 권위를 존중하였고, 제임스 2세가 왕위를 계승하였다. 그러나 제임스 2세 역시 의회를 무시하며 친가톨릭 정책을 지속하였다. 특히 제임스 2세가 가톨릭 부인으로부터 아들을 생산하면서 위기가 고조되었다. 이제 잉글랜드는 가톨릭 왕조가 될 판이었다.

잉글랜드 의회 휘그당과 토리당은 연합하여 네덜란드의 오렌지 공에게 거병을 요청하였다. 오렌지 공의 부인 메리(Mary)는 제임스 2세의 첫 번째 부인 소생으로 개신교도였다. 스튜어트 왕조의 왕위 계승권자이면서 영국 국교회 개신교도였다. 제임스 2세는 단결한 의회와 오렌지 공의 출정에 대적하지 못하고 프랑스로 도피하였다. 유혈이 없는 혁명이었다고 하여 이를 '명예혁명(Glorious Revolution)'이라고 한다. 의회는 메리 여왕(메리 2세)과 오렌지 공(윌리엄 3세)을 공동 군주로 하고, 권리장전(Bill of Rights)을 선포하여 가톨릭 신도(배우자의 경우 포함)의 왕위 계승을 금지하였다.

프랑스로 도피해 간 제임스 2세는 다시 군대를 일으켜 왕위 복귀를 시도하였으나 실패하였고, 이후 그 아들과 손자들 역시 계속 왕위 계승권을 주장하여 내란을 시도한다. 이를 자코바이트(the Jacobites) 반란이라고 부른다.

II. 영국 명예혁명:
〈요정 여왕(퍼셀의 세미 오페라)〉

헨리 퍼셀(Henry Purcell)의 세미 오페라 〈요정 여왕(Fairy-Queen)〉에는 명예혁명으로 군주의 자리에 오른 윌리엄 3세와 메리 2세 여왕을 찬양하는 뜻이 담겨 있다. 작가는 미상이지만 대본은 셰익스피어의 '한여름 밤의 꿈(A Midsummer Night's Dream)'에 기초하였다.

영국 시민혁명은 청교도혁명(Puritan Revolution)에서 시작하여 명예혁명(Glorious Revolution)으로 완수되었다. 1688년 명예혁명을 거치면서 입헌군주제, 개신교 국가, 종교적 관용의 체제를 확립했다. 이는 유럽에서 가장 이른 근대적 헌정체제였다.

1. 역사적 배경

영국의 청교도혁명에서는 찰스 1세(Charles I)가 처형되고 잠시 공화제를 하였으나 결국 왕정복고로 이어졌다. 애슐리(Ashley: 후에 샤프츠베리 Shaftesbury 백작)를 비롯한 의회 의원들이 프랑스 망명 중이던 찰스 2세(Charles II)를 다시 모셔 왔다.

왕정복고와 함께 국교회도 복원되었으나, 샤프츠베리 백작을 비롯한 의회 관용파는 비국교회 개신교를 허용할 것을 요구하였다. 찰스 2세는 가톨릭과 개신교를 허용하는 관용령을 선포하였으나, 그의 본뜻은 가톨릭 회복에 있었다. 그러나 종교개혁 이래로 가톨릭은 영국의 적으로 간주되었다. 의회는 관용령에 반대하고, 심사령(Text Acts: 1673년)을 제정하여 정부관직과 군대 지휘관에서 가톨릭교도를 배제하였다.

　사실 찰스 2세는 당시 가톨릭 국가 프랑스 루이 14세와 밀약을 맺어, 잉글랜드를 가톨릭으로 개종케 하고 루이 14세로부터 재정적·군사적 지원을 받기로 하였다. 영국 혁명은 영국 내정에 그치지 않고, 유럽 국제 정세의 반영이었다. 당시 유럽의 최강이었던 프랑스 루이 14세는 종교적 관용의 상징이었던 '낭트 칙령'을 무효화하고, 신교도들을 탄압하였다. 이로써 유럽에는 다시 종교 전쟁의 암운이 드리워졌다. 수십만의 신교도들이 네덜란드와 영국으로 망명하였고, 영국 신교도들은 프랑스가 아일랜드(당시 영국의 식민지로 있던)와 합세하여 침략해 올지 모른다는 두려움을 느꼈다.

　종교 문제는 왕위 계승의 위기로 심화되었다. 찰스 2세에게 서자는 열 명이 넘었지만, 적자는 한 명도 없었다. 왕위 계승권자는 그의 동생 요크 공(후에 제임스 2세)이었다. 그런데 요크 공은 공개적인 가톨릭 신자였다. 샤프츠베리 백작은 요크 공의 왕위 계승을 저지하고자 소위 '배제법안(Exclusion Bill)'을 제출하였다. 하지만 국왕의 대권을 존중하고 보수적 국교회를 선호하는 의원들은 배제법안 추진에 찬성하지 않았다. 이로부터 영국 의회에는 '휘그'와 '토리'의 당파가 생겨나게 되었다. 휘그당의 반대에도 불구하고 제임스 2세는 왕위 계승에 성공하였다.

　제임스 2세는 즉위하자마자 개신교 국교회와 대결 노선을 걸었다. 가톨릭 신자의 공직 임용을 금지한 심사령 폐지를 요구하고, 그것을 거부한 의회를 해산시켰다. 옥스퍼드 대학에도 가톨릭 주교를 학장으로 임명하고, 가톨릭 수도사에 대한 학위 수여를 거부한 케임브리지 대학 부총장을 면직시켰다.[4]

　의회의 토리당은 아직 군주에 대한 지지를 철회하지 않았다. 제임스 2세는 연로하였고, 그의 후사는 전 부인에서 낳은 개신교 딸 2명뿐이라는 것에 안심

했다. 그런데 가톨릭교도인 새 왕비가 아들을 생산하였다. 제임스 2세에게는 경사였으나, 영국 국교회 및 개신교도들에게는 재앙이었다. 마침내 토리당과 휘그당이 합세하여 행동을 개시하였다. 제임스 2세의 큰딸 메리(Mary; 후에 메리 2세)의 남편 네덜란드의 윌리엄 오렌지 공(William of Orange; 후에 윌리엄 3세)에게 출병을 요청하였다.

제임스 2세는 많은 상비군을 보유하고 있었지만, 그의 군대조차 가톨릭은 외면하였다. 수백 명의 장교들이 왕군을 이탈하여 윌리엄 공의 편에 섰다. 제임스 2세는 도망칠 수밖에 없었고, 무혈 혁명, '명예혁명(Glorious Revolution)'이 달성되었다.

2. 헨리 퍼셀의 세미 오페라 〈요정 여왕(Fairy-Queen)〉

최근 연구에 따르면 헨리 퍼셀(Henry Purcell)의 세미 오페라 〈요정 여왕(Fairy-Queen)〉은 명예혁명의 군주 윌리엄 3세와 메리 2세를 찬양하기 위해 기획되었다고 한다. 즉 1692년 이들 공동 군주의 결혼 15주년을 축하하기 위한 것이었다고 한다. 이러한 군주 찬양은 1685년 루이스 그라부(Louis Grabu)의 〈알비온과 알바니우스(Albion and Albanius)〉 그리고 헨리 퍼셀의 또 하나의 오페라 〈디도와 아이네이스(Dido and Aeneas)〉에서도 볼 수 있다고 한다. 즉, 이는 궁정 음악의 하나의 전통이었으며, 또 군주들로부터 음악 공연의 지속적 후원을 위한 기획이기도 하다는 것이다.[5]

헨리 퍼셀의 세미 오페라 〈요정 여왕〉은 연극에 기초하되 춤과 음악이 혼합된 독특한 형식이다. 기본적으로 셰익스피어의 '한여름 밤의 꿈' 스토리가 진행되면서 악극이 추가된 형식이다. 희곡의 주인공들은 대사만 하고, 신들, 정령들, 요정들, 목동들이 노래하고 춤추는 역할을 한다. 이 작품의 하이라이트는 제5

막 결혼식 장면이다. 셰익스피어의 '한여름 밤의 꿈'에서와 같이 여러 커플들이 희비의 우여곡절 끝에 모두 행복한 결합으로 마무리된다.

그런데 이 결혼식 장면의 무대 지시 사항이 특별하다. 무대는 두 개의 정원으로 구성되는데, 지상의 정원은 중국 정원으로, 공중의 정원은 바로크 스타일로 지시되었다고 한다. 중국 정원은 메리 여왕의 중국 취향을 반영한 것이고, 바로크 정원은 윌리엄 3세의 기호를 반영한 것이라고 한다.[6] 이처럼 이 결혼식의 장면은 이 작품이 바로 메리 여왕과 윌리엄 3세의 결혼 15주년에 헌정된 것임을 알려준다고 한다.[7]

여기서는 요정들의 아리아 가운데 '어떤 매혹적인 하룻밤(One charming night)'을 소개한다.

이 노래는 제2막에서 '비밀의 요정'이 부르는 아리아이다. 제2막에서 여러 등장인물이 신비한 약에 취하여 잠이 들고 이어서 코믹하게 엇갈리는 사랑에 빠지게 되는데, 그 장면에서 밤의 요정(Night), 신비의 요정(Mystery), 비밀의 요정(Secrecy), 잠의 요정(Sleep) 등이 나와서 노래를 부르면서 극중 인물들을 달콤한 꿈으로 안내한다. 메리 2세 여왕과 윌리엄 3세 부부의 행복의 꿈에 대한 기원과 같다고 할 것이다.

⟨비밀 요정의 노래(Secresy's Song): 매혹적인 하룻밤(One charming night)⟩[*]

작자: 미상

번역: 정태욱

원문 가사	한글 번역
One charming night	매혹적인 하룻밤
Gives more delight	최고의 기쁨을 준다네
Than a hundred lucky days:	백 일 행운의 낮들보다도 더 큰
Night and I improve the taste,	그 밤 나는 취향을 개선할 수 있고
Make the pleasure longer last	환희를 더 오래 지속시킬 수 있다네
A thousand, thousand several ways	천 개의 천 개의 여러 방법으로.

3. 이후의 전개과정

명예혁명의 결과는 두 개의 헌법적 법령으로 대표된다. 첫째는 권리장전(Bill of Rights)이고 둘째는 관용법(Toleration Act)이다. 권리장전은 입헌군주제의 여러 원리를 천명하고 있으며 가톨릭교도의 왕위 계승 배제를 명하고 있다. 관용법은 종교의 자유에 관한 것으로서 비국교도 개신교의 경우 삼위일체를 인정하는 한 종교의 자유를 허용하였다. 다만 가톨릭의 경우는 여전히 금지되었다.

국교회 수립 종교개혁 이래 영국은 계속하여 유럽 가톨릭 국가들 및 교황 세력과 적대적인 관계에 있었음을 상기할 필요가 있다. 엘리자베스 1세(여왕) 시기 왕위 계승권자인 메리 스튜어트가 처형되었고, 이어서 스페인이 '무적함대'를 파병하여 영국과 전쟁을 하였고, 스페인이 쇠퇴하면서는 프랑스가 다시 가톨릭을 강화하며 영국 국교회 체제를 위협하였다. 영국인들은 대륙의 가톨릭 세력이 옆의 아일랜드(가톨릭 지역)와 합세하여 공격해 올지 모른다는 위기의식

---

[*] 노래 가사는 LiederNet 아카이브에서 가져왔다. https://www.lieder.net/lieder/get_text.html?TextId =14808

을 갖고 있었다.

실제로 명예혁명으로 쫓겨난 제임스 2세는 이듬해 1689년 프랑스 루이 14세의 지원을 받아 아일랜드에 상륙하여 왕권 회복을 노렸다. 이후 제임스 2세의 아들 그리고 손자도 계속하여 자신들이 영국 왕의 진정한 계승자임을 주장하며 반란을 도모하였다. 이를 자코바이트(Jacobite) 반란이라고 부른다. 자코바이트 반란은 1746년 컬로든 전투에서 비로소 척결된다.

Ⅲ. 자코바이트 반란:
〈신이여 국왕을 지켜주소서(영국 국가)〉,
〈유다스 마카베우스(헨델의 오라토리오)〉, 스코틀랜드 민요들

영국(공식 명칭은 United Kingdom of Great Britain and Northern Ireland)의 국가인 〈신이여 국왕을 지켜주소서(God Save the King)〉, 헨델의 오라토리오 〈유다스 마카베우스(Judas Maccabaeus)〉 그리고 스코틀랜드 민요 〈우리 왕은 찰리밖에 없다네(Wha'll Be King But Charlie)〉 등은 모두 영국 '자코바이트(Jacobite) 반란'을 역사적 배경으로 한다.

영국 명예혁명으로 제임스 2세가 축출되고 입헌군주제가 수립되었지만, 왕권신수설을 고수하고 제임스 2세와 그 후손의 정통성을 주장하는 세력들이 잔존하였다. 이들을 자코바이트(Jacobites)라고 한다. 자코바이트의 반란은 명예혁명 이후 50여 년 이상 지속되었으며, 그 과정을 거치면서 영국 하노버 왕조가 정착되었다.

1. 역사적 배경

영국 명예혁명으로 제임스 2세는 축출되었지만, 제임스 2세와 그 후손들은 여전히 왕위를 주장하였다. 그리고 그들의 정통성을 추종하는 세력이 있었다. 이들은 제임스의 라틴어 이름 자코부스(Jacobus)에 따라 자코바이트라 불렸다.

명예혁명으로 수립된 잉글랜드의 왕위는 윌리엄 3세-메리 2세(여왕) 그리고 이후 메리 2세의 동생 앤 여왕으로 이어져 갔으며, 앤 여왕 시기 스코틀랜드를 공식 병합하였다. 이후 앤 여왕이 후사가 없어 독일 하노버(Hanover) 공국의 조지 1세 (George I)가 왕위를 계승하여 하노버 왕조가 시작된다. 자코바이트들은 그러한 영국 왕조에 50여 년 이상 저항을 지속하였다. 자코바이트 반란은 영국의 입헌군주제와 영국 왕국(Great Britain) 체제가 확립되는 과정이라고 할 수 있다.

1688년 쫓겨난 제임스 2세는 이듬해 1689년 3월 프랑스 루이 14세의 지원을 받아 아일랜드에 상륙하여 왕권 회복을 노렸다. 아일랜드인들은 북부 런던데리(Londonderry) 지역을 제외하고는 모든 지역에서 제임스 2세에 호응하였다. 그러나 잉글랜드 윌리엄 3세가 군대를 이끌고 아일랜드로 넘어와서 반란을 진압하였다(이른바 '보인 전투 Battle of the Boyne').[8]

마찬가지로 1689년 스코틀랜드에서도 제임스 2세를 지지하는 반란이 일어났다. 스코틀랜드 북부, 즉 브리튼섬 최북단, 전통적으로 스튜어트 왕조에 충성스러웠던 '하일랜드(Highland)' 지역에서 반란이 일어났다. 그러나 지도자 던디(Dundee) 자작이 사망하면서 진용이 무너졌다.

제임스 2세는 1701년 사망하였지만, 자코바이트 운동은 계속되었다. 영국 의회 토리당에는 제임스 2세의 아들 제임스 에드워드(이른바 '노 왕위 요구자 Old Pretender')의 왕위 계승을 주장하는 이들이 적지 않았다. 영국 의회는 1701년 왕위계승법(Act of Settlement)을 제정하여, 앤 여왕 사후 가톨릭교도(왕비 포함)의 왕위 계승을 금지하고 독일 하노버 공국의 소피아(Sophia; 제임스 1세의 외손녀)를 왕위 계승권자로 지정하였다. 그러나 앤 여왕 직전 소피아가 먼저 사망하였고, 결국 1714년 소피아의 부군 조지 1세가 영국 왕위를 계승했다(영국과 하노버 공국 공동 군주).

조지 1세는 토리당 자코바이트들을 퇴출시키고 휘그당 중심으로 정계를 재편하였다. 토리당 강경파들은 그에 저항하여 제임스 에드워드 '노 왕위 요구자 (Old Pretender)'의 복위를 기도하였다. 1715년 제임스 에드워드는 스코틀랜드에 상륙하여 반란을 도모하였으나 결국 실패하고 프랑스로 돌아갔다.

가톨릭교도인 제임스 에드워드는 유럽에서 로마 교황령에 기거하면서 '망명 왕조(court-in-exile)'를 꾸렸으며, 그의 아들 찰스 에드워드('소왕위 요구자 Young Pretender')의 왕위 계승권을 승인하였다. 마침 영국과 프랑스는 오스트리아 왕위 계승 문제로 다시 전쟁에 돌입하였다. 제임스 에드워드와 찰스 에드워드는 프랑스의 지원을 기대하며 영국 왕조에 반란을 시도한다.

1745년 찰스 에드워드는 스코틀랜드에 상륙하여 스튜어트 왕가에 충성스러운 하일랜드 지역 중심으로 군대를 규합하였다. 이들은 한때 에든버러까지 남진하고 프레스톤판스에서 정부군에 승리하며(이른바 'Battle of Prestonpans') 기세를 올렸다. 영국 런던에서는 프레스톤판스 전투 소식에 위기감이 고조되고, 애국적 결의가 고조되었다. 영국 국가인 〈신이시여 국왕을 지켜주소서(God Save the King)〉 노래는 이때 만들어진 곡으로 알려져 있다.[9]

영국은 당시 국왕 조지 2세의 아들 컴벌랜드(Cumberland) 공의 지휘하에 전열을 정비하였다. 컴벌랜드 공은 유럽에서 프랑스와 대적하다 급히 귀국한 것이었다. 대륙에서 영국군 사령관이 물러갔으니, 프랑스는 그것만으로 소기의 성과를 거두었다고 할 수 있다. 결국 프랑스의 추가 원조는 없었고, 찰스 에드워드 반란군은 1746년 컬로든 전투(Battle of Culloden)에서 섬멸되었다.

소왕위 요구자 찰스 에드워드는 프랑스로 도피하였고, 반란에 가담했던 스코틀랜드인들은 무자비하게 처형되었다. 이로써 자코바이트 저항은 종식되었고, 영국 하노버 왕조는 더욱 굳건해졌다. 헨델의 오라토리오 유다스 마카베우스(Judas Maccabaeus)는 바로 이 컬로든 전투에서 승리한 컴벌랜드 공의 개선을 기념하기 위한 노래이다.

위에서 본 바와 같이 자코바이트 반란의 근거지는 스코틀랜드라고 할 수 있다. 스코틀랜드는 스튜어트 왕조의 본향이며, 제임스 2세 일가의 왕권신수설을 신봉하는 충성스러운 신하들이 적지 않았다. 그리하여 자코바이트 반란은 실패로 돌아갔으나 그에 관한 여러 민요가 널리 불리고 전해지고 있다.

2. 자코바이트 반란 관련 노래들

(1) 영국 국가 〈신이여 국왕을 지켜주소서(God Save the King)〉

노래의 기원은 정확하게 규명되지 않고 있다. 최초로 발견된 출판은 1745년이며, 자코바이트 찰스 에드워드의 반란을 계기로 널리 불렸다. 영국 작곡가 토마스 아른(Thomas Arne)이 드루리 레인 극장에서 연주했다는 기록이 있다.[10] 소왕위 요구자인 찰스 에드워드 반란군이 프레스톤판스 전투에서 승리하고 남진하고 있다는 소식은 영국 런던 시민들에게 위기의식을 불러일으켰고, 국왕 찬양의 애국 노래를 탄생시킨 것이다.

이 영국 국가 선율은 아름답고 장중하여 많은 나라들에서 국가로 사용되었다. 지금도 영연방 국가들 사이에서 많이 연주되며 뉴질랜드는 아직도 국가로 사용하고 있다. 흥미롭게도 독일에서도 하노버 왕국은 물론이고 프로이센, 작센, 바이에른 왕국에서도 사용되었으며, 최초의 독일 민족국가인 제2제국(1871~1919)에서도 이 선율을 국가로 채용하였다.

또한 이 선율은 많은 작곡가들에게도 영감을 주어 창작에 활용되었다. 대표적으로 베토벤은 그 선율을 이용해서 피아노 변주곡(WoO. 78) 7곡을 작곡하였다. 이 변주곡은 현재 우리나라에서도 아이들 피아노 교습에서 많이 연주되고 있다. 베토벤은 또한 관현악곡인 웰링턴의 승리(WoO. 157)에도 이 선율을 활용하였다.[11]

아래 가사를 올린다.

〈신이여 국왕을 지켜주소서(God Save the King(Queen))〉[*]

"신사의 잡지(Gentleman's Magazine)" 1745년 10월호에 실린 원문	정태욱 번역
God save great George our king,	신이시여 우리 위대한 국왕 조지를 지켜 주소서.
Long live our noble king,	우리 고귀한 국왕 만세
God save the king.	신이시여, 국왕을 지켜 주소서
Send him victorious,	그에게 승리를 행복을 영광을,
Happy and glorious,	우리 백성을 오래오래 통치할 수 있도록 해 주소서.
Long to reign over us,	신이시여 국왕을 지켜 주소서.
God save the king.	
O Lord our God arise,	오 주님 우리의 신이여,
Scatter his enemies,	적들을 흩어지게 해 주소서
And make them fall;	적들을 쓰러지게 해 주소서
Confound their politics,	적들을 어쩔 줄 모르게 해 주소서
Frustrate their knavish tricks,	적들의 흉악한 간계를 좌절시켜 주소서
On him our hope we fix,	국왕은 우리의 굳은 희망이니
O save us all.	오 우리 모두를 지켜 주소서.
Thy Choicest gift in store	주님의 가장 아끼는 은총을 조지 국왕에게 가득 내
On George be pleas'd to pour,	려 주소서
Long may he reign;	조지 국왕이 오래오래 통치할 수 있게 하소서.
May he defend our laws,	국왕이 우리의 법을 지켜 주고
And ever give us cause,	우리 가슴과 목소리로 함께 선언하는
To say with heart and voice,	대의를 베풀어 주시니
God save the king.	신이시여 국왕을 지켜 주소서.

참고로 이 영국 국가에 대한 김웅진 교수의 번역도 소개한다.[12]

---

[*]   노래 가사는 영어 위키백과에서 가져왔다. https://en.wikipedia.org/wiki/God_Save_the_King

김웅진 교수 논문에 실린 가사	김웅진 교수의 번역
God save our gracious King(Queen)!	주여 우리의 자비로운 (여)왕을 보호하소서!
Long Live our noble King(Queen)!	고귀한 (여)왕 천세 만세!
God save the King(Queen)!	주여 (여)왕을 보호하소서!
Send him(her) victorious,	승리하게 하시고,
Happy and Glorious	행복하고도 영광스럽게
Long reign over us,	오랫동안 통치하게 하소서,
God save the King(Queen).	주여 (여)왕을 보호하소서.
Thy choicest gift in store	주의 극진한 은총을
On him(her) be pleased to pour,	(여)왕에게 기쁘게 부어 주셔서
Long may he(she) reign.	오랫동안 통치하게 하소서
May he(she) defend our laws	(여)왕이 우리의 법을 보호하게 하시고
And give us ever cause,	우리가 목청껏
To sing with heart and voice,	주여 (여)왕을 보호하소서 라고
God save the King(Queen)!	늘 노래할 수 있도록 만드소서!

(2) 헨델 오라토리오 〈유다스 마카베우스(Judas Maccabeus)〉

영국 하노버 왕실의 위촉으로 토마스 모렐(Thomas Morell)이 대본을 썼고, 헨델이 작곡하였다.[13] 1747년 런던 로열 오페라 하우스(코벤트 가든)에서 초연되었다.

오라토리오는 3막으로 구성되어 있으며 고대 이스라엘의 영웅 유다스 마카베우스의 이야기를 담고 있다. 이스라엘은 기원전 170~160년에 희랍 셀레우코스 왕조의 지배를 받았다. 셀레우코스 왕조는 알렉산더 제국의 계승자라고 할 수 있다. 셀레우코스 왕조는 유대인들의 신을 부정하고 희랍의 신, 즉 제우스 숭배를 강요하였다. 마타티아스(Mattathias)가 저항을 시작했고, 마침내 그 아들 유다스 마카베우스(Judas Maccabeus)가 봉기를 지도하여 독립을 쟁취하게 된다.

이 노래는 1745년 자코바이트 반란을 결정적으로 섬멸한 컴벌랜드 공(Duke of Cumberland)의 개선을 축하하는 노래이다. 컴벌랜드 공은 당시 영국 왕 조지 2

세(George Ⅱ)의 셋째(막내) 아들이기도 하였다. 그는 당시 발발한 오스트리아 왕위 계승 전쟁에서 유럽에 파병된 영국군의 사령관이었다. 자코바이트 '소왕위 요구자' 찰스 에드워드의 군대가 스코틀랜드에서 승전을 거듭하고 있는 상황에서 컴벌랜드 공은 영국으로 귀환하여 그 반란을 최종 진압했으며 영국인들 사이에 매우 큰 칭송을 받았다.

자코바이트 반란 진압을 성경 역사의 유대 민족의 독립 투쟁과 연결시킨 것이 의아할 수 있다. 자코바이트에 대한 승리는 당시 영국인들에게 유럽 대륙의 가톨릭 권력으로부터의 해방이라는 민족적 성취로 이해되는 것이었다. 영국 개신교 국교회는 추수감사절 행사에서 자코바이트 반군에 대한 승리의 기념 의식이 치러지기도 하였다.[14]

스튜어트 왕조의 찰스 2세와 제임스 2세 그리고 그 가톨릭 후손들 모두 외세(프랑스, 교황)와 결탁하여 영국을 가톨릭 국가로 되돌리려고 하였던 것이고, 명예혁명 그리고 이어지는 자코바이트 반란의 진압은 그에 대한 영국 독립과 개신교의 승리라고 할 수 있는 것이었다. 앞의 명예혁명 부분에서 보았듯이, 영국의 유럽 가톨릭 체제로부터의 이탈 그리고 그에 대한 유럽 대륙의 간섭은 헨리 8세의 수장령 선포, 엘리자베스 1세(여왕) 시대 메리 스튜어트의 처형 그리고 스페인 무적함대의 출정 등 오랜 역사적 뿌리를 갖고 있다.

이후 유럽의 가톨릭 주축은 프랑스로 옮겨 갔으며, 프랑스 루이 14세는 프랑스에서 낭트 칙령을 철폐하여 유럽 전체를 종교 전쟁의 상황으로 몰고 갔으며, 실제로 잉글랜드 찰스 2세와 밀약을 맺어 잉글랜드를 가톨릭으로 개종시키려고 하였다. 이런 프랑스의 간섭 그리고 프랑스이 지원을 받은 자코바이트는 영국인들에게는 경계의 대상이었으며, 그에 대한 승리는 영국 민족주의와 개신교의 승리로 인식되었다. 조금 후이긴 하지만, 영국이 7년 전쟁을 통하여 프랑스를 제압하였을 때, 영국에서는 '교황주의자에 대한 개신교도의 승리, 모압에 대한 이스라엘의 승리'로 경축되었다.[15]

헨델의 오라토리오 〈유다스 마카베우스〉 가운데 가장 유명한 노래인 '보아라, 승리의 용사가 온다(See, the Conqu'ring Hero Comes)' 부분을 소개한다.

〈보아라, 승리의 용사가 온다(See, the Conqu'ring Hero Comes)〉
작사: 토마스 모렐(Thomas Morell)
번역: 정태욱

원문 가사	한글 번역
(Youths) See, the conqu'ring hero comes! Sound the trumpets! Beat the drums! Sports prepare! The laurel bring! Songs of triumph to him sing!	(어린이들) 보아라, 승리의 용사가 온다. 트럼펫을 불어라! 드럼을 울려라! 축제를 준비하라! 월계관을 대령하라! 승리의 노래를 불러라!
(Virgins) See the godlike youth advance! Breathe the flutes and lead the dance! Myrtle wreaths and roses twine to deck the hero's brow divine!	(처녀들) 보아라 신과 같은 젊은이가 행진한다. 플루트를 불어라, 춤을 시작하라! 머틀 화환과 장미 매듭으로 영웅의 이마를 신성하게 장식하라!
(Israelites) See, the conqu'ring hero comes! Sound the trumpets! Beat the drums! Sports prepare! The laurel bring! Songs of triumph to him sing!	(이스라엘 사람들) 보아라, 승리의 용사가 온다. 트럼펫을 불어라! 드럼을 울려라! 축제를 준비하라! 월계관을 대령하라! 승리의 노래를 불러라!

원문 가사	한글 번역
See, the conqu'ring hero comes!	보아라 승리의 용사가 온다!
Sound the trumpets! Beat the drums!	트럼펫을 불어라! 드럼을 울려라!

이 곡조는 많은 여러 작곡가들에게 영감을 불러일으켰다. 대표적으로 베토벤은 그 선율에 따라 변주곡을 작곡하였다.

또한 이 노래는 세계의 많은 이들에게 애창되었으며 1884년 스위스 찬송 작곡가인 에드몽 루이 뷔드리(Edmond Louis Budry)가 가사를 조금 바꾸어 부활절 찬양 노래로 불렀고, 이것이 다시 영어로 번역되어 '승리의 아들 일어나니, 영광은 주님의 것(Thine Be the Glory, Risen Conquering Son)'으로 불렸다. 그리고 지금 한국 교회에서도 '주님께 영광'이라는 찬송가로 불리고 있다.

(3) 자코바이트 민요들

소왕위 요구자 찰스 에드워드는 스코틀랜드인들 사이에 인기가 많았다. 비록 그의 반란은 실패로 돌아가고 많은 사람들이 희생되었지만, 찰스 에드워드에 관한 무용담과 민요는 아직도 널리 불리고 있다. 찰스 에드워드는 '젊은 기사(the Young Chevalier)' 혹은 '멋쟁이 왕자 찰리(Bonnie Prince Charlie)'라는 애칭으로 불렸다.

아래에 지금도 널리 불리는 민요 두 곡을 소개한다. 모두 1745년 찰스 에드워드가 스코틀랜드에 상륙하여 자코바이트 반란을 시도하던 상황을 배경으로 한다. 찰스 에드워드를 옹위하고 그에 호응하는 스코틀랜드 하일랜드 지역 사람들의 충성과 감격을 느낄 수 있다.

각 노래의 가사를 차례로 올린다.

⟨우리 왕은 찰리밖에 없다네(Wha'll Be King But Charlie)⟩

김웅진 교수가 소개한 원가사[16]	김웅진 교수의 번역
Wha'll Be King But Charlie?	엊저녁 모이다트*로부터
The news frae Moidart cam' yestreen,	온 소식은
Will soon gar monie ferlie;	정말 놀랍네
For ships o' war hae just came in,	전함이 들어와
And landit Royal Charlie.	당당한 찰리 왕자가 내렸다네.
Chorus	황야를 뚫고 달려오세,
Come thro' the heather, around him gather,	그분 곁에 모이세
Ye're a' the welcomer early;	모두 빨리 와 환영하세
Around him cling wi' a' your kin;	족속들을 모두 데려와 그분
For wha'll be King but Charlie?	곁에 모이세
Come thro' the heather, around him gather,	우리 왕은 찰리밖에 없다네
Come Ronald come Donald, come a' thegither,	황야를 뚫고 달려오세,
And crown your rightfu' lawfu' King!	그분 곁에 모이세
For wha'll be King but Charlie?	
	로날드도 도날드도
The Hieland clans, wi' sword in hand,	모두 모여
Frae John o' Groats to Airlie,	진짜 왕에게 왕관을 씌워 드리세!
Hae to a man declared to stand	우리 왕은 찰리밖에 없다네.
Or fa' wi' Royal Charlie.	
	하일랜드 족속들아
	손에 칼을 들고
	존 오 그로츠**로부터
	에를리***까지
	모든 남자들이 일어나
	찰리와 함께 싸우다 죽세.

---

* 모이다트: 소왕위 요구자 찰리 에드워드가 상륙한 후 반란의 거점으로 삼은 곳.

** 존 오 그로츠: 영국 브리튼섬의 최북단 하일랜드 지역 소읍.

*** 에를리: 스코틀랜드 중동부 던디(Dundee)시 북동쪽에 위치한 소읍.

〈찰리 내 사랑(Charlie is My Darling)〉의 노래 가사는 여러 버전이 있다. 아래는 제임스 호그(James Hogg; 스코틀랜드 시인, 일명 the Ettrick Shepherd)의 가사를 소개한다. 1745년 자코바이트 반란의 상황이 스코틀랜드 스튜어트 왕조 입장에서 영웅적으로 묘사되어 있다.

〈찰리 내 사랑(Charlie is My Darling)〉[*]

제임스 호그(James Hogg) 가사	정태욱 번역
Charlie is My Darling	찰리 내 사랑
Twas on a Monday morning,	그해 일찍 월요일 아침
Right early in the year,	우리 마을로 왔지,
When Charlie came to our town	젊은 기사.
The Young Chevalier.	
Chorus	합창(후렴)
Charlie is my darling, my darling, my darling.	찰리는 내 사랑, 내 사랑, 내 사랑.
Charlie is my darling, the young Chevalier.	찰리는 내 사랑, 내 사랑, 내 사랑.
As he cam' marchin' up the street,	그가 거리를 행진할 때,
The pipes played loud and clear.	파이프가 크게 맑게 울렸지
And a' the folk cam' rinnin' out	사람들이 몰려 나왔어 맞이하려고
To meet the Chevalier.	젊은 기사.
Chorus	합창(후렴)
Wi' highland bonnets on their heads	하일랜드 사람들 머리에는 보닛을 쓰고
And claymores bright and clear,	손에는 스코틀랜드 양 검 번쩍거리고

---

* 가사는 램펀트 스코틀랜드 사이트에서 가져왔다. http://www.rampantscotland.com/songs/blsongs _darling.htm

제임스 호그(James Hogg) 가사	정태욱 번역
They cam' to fight for Scotland's right And the young Chevalier.	그들은 스코틀랜드의 정의를 위해 싸우러 나왔지. 젊은 기사.
Chorus	합창(후렴)
They've left their bonnie highland hills, Their wives and bairnies dear, To draw the sword for Scotland's lord, The young Chevalier.	그들은 아름다운 하일랜드의 언덕을 떠나왔어 사랑하는 부인들과 아이들도 두고 왔어 스코틀랜드 왕을 위해서 칼을 들었어. 젊은 기사.
Chorus	합창(후렴)
Oh, there were many beating hearts, And mony a hope and fear, And mony were the pray'rs put up, For the young Chevalier.	오, 가슴이 뛴다. 희망도 두려움도 크다 많은 이들이 기도하고 또 기도한다 우리 젊은 기사를 위해.

3. 이후의 전개과정

프랑스로 도피한 찰스 에드워드는 스튜어트 왕조 복위의 희망을 포기하지 않았다. 그러나 프랑스와 영국은 오스트리아 왕위 계승 전쟁을 더 이상 지속할 수 없었고, 1748년 엑스라샤펠 조약(Treaty of Aix-la-Chapelle)을 체결하였다. 이 조약 체결 조건으로 영국은 찰스 에드워드의 국외 추방을 요구하였고, 프랑스는 하노버 왕조를 승인하였다.[17]

찰스 에드워드는 프랑스를 떠나 교황청에 의지하였다. 동생 헨리가 추기경으로 도움을 주었다. 그러나 교황청도 하노버 왕조를 실질적으로 인정할 수밖에 없었다. 1766년 부친 제임스가 사망하였을 때, 교황은 그를 제임스 3세로 추존하였지만, 찰스 에드워드에게 찰스 3세의 칭호는 인정하지 않았다. 찰스 에드워드는 음주와 비탄 속에서 사망하였고 자코바이트 운동은 소실되었다.

제3장

프랑스 대혁명

프랑스 대혁명은 유럽 근대 헌정사의 정점이라고 할 수 있다. 영국 시민혁명으로 시작된 근대 입헌군주제, 자유주의, 종교의 자유 체제를 공화제, 민주주의, 세속주의로까지 진전시켰다. 프랑스 혁명은 국왕과 왕비를 모두 처형하고 공화국을 수립하였으며, 재산에 따른 제한 선거를 폐지하고 성인 남성 보통선거를 목표로 하였으며, 수도원 재산을 몰수하고, 가톨릭 성직자들에게 혁명정부에 대한 충성을 강요하였다. 프랑스 혁명은 유럽 전체의 군주제를 뒤흔들었으며, 유럽 왕조들은 대불동맹을 결성하여 대항하였다. 내우외환의 위기 속에서 프랑스 혁명정부는 공포정치와 나폴레옹의 군사력으로 혁명을 지속하였다. 나폴레옹은 대불동맹을 격파하고 전 유럽에 자유와 평등의 시대정신을 전파하였다. 그러나 나폴레옹은 제국의 안정적 통치 체제를 확립하지 못하고, 그 자신이 프랑스 황제로 등극하고, 친족들을 유럽 각국의 왕좌(王座)에 앉혔다.

이 장에서는 프랑스 혁명의 각 시기의 역사적 사건과 관련하여 프랑스 혁명가 〈라 마르세예즈〉, 〈라 카르마뇰〉, 풀랑크의 오페라 〈카르멜 수녀들의 대화〉, 슈만의 가곡 〈두 명의 척탄병〉, 레하르의 오페레타 〈파가니니〉를 소개한다.

〈라 마르세예즈〉와 〈라 카르마뇰〉은 프랑스 혁명 당시 현장에서 울려 퍼졌던 혁명의 노래들이다. 〈라 마르세예즈〉는 혁명 초기 프랑스가 외적의 침략에 밀리면서, 프랑스 인민들이 자발적으로 무장하고 출정하면서 부르던 혁명 군가였다. 혁명 정신으로 새롭게 무장한 프랑스 국민군은 프랑스 북동부 발미(Valmy)에서 프로이센군의 침략을 저지하는 데에 성공하였다. 이는 프랑스 혁명군의 최초 승리였으며, 당시 현장에 있었던 괴테는 전투에 대해 '세계사의 새로운 시대'가 도래하였다고 평하였다. 〈라 마르세예즈〉는 프랑스 혁명을 대표하는 노래로서 프랑스 국가가 되어 지금까지 불리고 있다. 〈라 카르마뇰〉은 프랑스 군주제를 정지시킨 민중 봉기의 승리를 환호하는 혁명 축제의 노래라고 할 수 있다. 프랑스 혁명은 초기 부르주아 유산자들의 혁명에서 이후 도시 서민('상퀼로트') 중심의 민중 혁명으로 이행하였다. 이들은 혁명의 진전을 거부하는 국왕에 분노하여 왕궁을 공격하여 근위대를 전멸시키고 루이 16세와 마리 앙투아네트를 탕플(Temple) 탑 감옥에 유폐시켰다. 이로부터 프랑스 공화국의 역사가 시작되었다.

풀랑크 오페라 〈카르멜 수녀들의 대화〉는 프랑스 혁명의 '공포정치' 시기 신앙을 지키며 순교한 수녀들이 이야기이다. 외적의 침략과 민중 봉기 등 프랑스 혁명은 점점 격화되었고 적대감은 고조되었다. 국왕과 왕비는 처형되었으며 프랑스 혁명은 극단적 폭력의 시기로 접어들었다. 국내적으로는 충성 거부 가톨릭 사제들과 왕실에 동조적인 인사들 중심으로 반혁명 내란이 일어났고, 국외적으로는 새로운 대불동맹이 결성되어 프랑스군은 다시 열세에 빠졌다. 프랑스 파리 민중들은 격앙되었고, 혁명 지도부는 비상사태를 선포, '공포'에 의한 통치를 선언하였다. 총동원령이 내려졌으며, 공안위원회가 조직되고, 혁명재판소가 설치되었다. 이른바 '대공포정치' 시기에는 변호인 조력과 증인신문도 허용되지 않았으며 혐의자들은 석방 아니면 사형의 양자택일의 운명에 처하였다.

수많은 사람들이 반역과 반란죄로 처단되었으며, 충성 거부 성직자들도 반혁명 분자로 간주되어 단두대에 올라야 했다. 혁명정부의 공포정치는 내우외환의 위기를 극복하고 혁명을 구했다고 말해진다. 그러나 공포정치의 대가는 참혹했으며, 혁명은 공포로 변질되었다.

공포정치는 혁명정부인 국민공회 의원들조차 두렵게 만들었다. 결국 공포정치를 주도한 로베스피에르 등 공안위원회 위원들이 단두대에서 처형되었다. 이후 혁명의 리더십은 표류하였으며, '청년 장군' 나폴레옹이 부상하였다. 나폴레옹은 전 유럽을 상대로 전쟁을 승리로 이끌었으며 유럽 구체제를 뒤흔들었다. 또한 국내적으로는 나폴레옹 민법전 제정 등 자유와 특권 철폐의 혁명 정신을 제도화하였고, 가톨릭을 사실상 복원함으로써 평화를 도모하였다. 나폴레옹은 유럽의 '세계정신(Weltgeist; 헤겔의 표현)'이었으며, 프랑스인들의 영광이었다. 슈만의 가곡 〈두 명의 척탄병〉은 그러한 나폴레옹 숭배를 잘 보여주고 있다. 그러나 나폴레옹은 점령지의 결속을 위하여 친족들을 권좌에 앉혔으나 이는 대의에도 부합하지 못하였으며, 효과적이지도 못하였다. 레하르의 오페레타 〈파가니니〉는 이탈리아 북부의 대공으로 임명된 나폴레옹의 여동생 엘리자와 음악가 파가니니의 실제 연애담을 배경으로 하고 있다.

I. 프랑스 혁명:
⟨라 마르세예즈(프랑스 국가)⟩, ⟨라 카르마뇰(혁명 춤곡)⟩

⟨라 마르세예즈⟩와 ⟨라 카르마뇰⟩은 프랑스 혁명을 상징하는 노래들이다. ⟨라 마르세예즈(La Marseillaise)⟩는 외적에 맞서는 혁명 군가였으며, 지금도 프랑스 국가로 불리고 있다. ⟨라 카르마뇰(La Carmagnole)⟩은 프랑스 군주에 대한 프랑스 민중들(상퀼로트)의 승리를 자축하는 축제와 같은 노래이다. 프랑스 국왕 루이 16세와 왕비 마리 앙투아네트에 대한 경멸과 야유를 담고 있다.

앞서 본 바와 같이 프랑스 혁명은 보통 프랑스 대혁명이라고 부른다. 영국 시민혁명이 영국에 국한된 것이며 입헌군주제를 정착시켰다면 프랑스 혁명은 전 유럽의 역사를 변화시키고, 입헌군주제를 넘어 공화제까지 나아간 혁명이었다. 프랑스 혁명을 통해 '제3신분(세 번째 신분으로서의 평민을 의미함; 제1신분은 성직자, 제2신분은 귀족)'은 성직자와 귀족을 넘어서 '국민'이 되었으며, 상퀼로트(sans-culottes: 반바지 스타킹의 상류층 복장과 다른 일상의 긴바지를 착용한 사람들)라고 불리는 파리의 민중들은 군주제를 폐지하고 스스로 국민군을 조직하였다.

1. 역사적 배경

프랑스 혁명은 부르봉 왕조의 재정 적자 해결을 위한 삼부회 소집으로 시작되었으나 혁명의 마그마는 구체제 지각 아래 끓고 있었다. 프랑스 부르봉 왕가, 귀족계급, 프랑스 교회는 국가의 위기를 감당하지 못하였다.

국왕 루이 16세(Louis XVI)는 가톨릭 신앙이 돈독하고, 목공을 좋아했던 성실한 사람이었지만, 왕으로서의 경륜은 전혀 없었다. 왕비 마리 앙투아네트(Marie Antoinette)는 오스트리아의 여제(女帝) 마리아 테레지아의 막내딸로서 세상을 자신의 소꿉장난 무대로밖에 인식하지 못하였던 천진난만한 여인이었다. 무지한 왕, 철없는 왕비가 세월을 낭비하는 동안 혁명의 해일은 프랑스 군주제를 덮쳐 오고 있었다.

프랑스 귀족들도 실력과 권위에서 모두 지도력을 상실하고 있었다. 대부분의 장원을 소유하고 농민들에게 봉건적 과세를 강요하면서 국가 재정부담의 개혁은 거부하고 있었다. 시민계급은 더 이상 무능한 귀족계급의 특권을 인내하기 어려웠고, 퇴락한 일부 귀족도 체제의 전복을 희망하였다.

가톨릭교회도 더 이상 구원의 방주가 되지 못하였다. 고위 성직자들은 그 신분에서 귀족계급과 동일한 것이었다. 주교 수도원장 성당 참사회는 그 자체가 봉건 영주였다. 교회는 국가에 직접세를 납부하지 않았으며 농민들에게 10분의 1세를 거두었다. 현장의 교구 사제들과 수도사 수녀들이 정진하고 희생하였지만, 교회는 타락하였고, 수도원은 줄어들었으며, 세상의 도덕은 문란해졌다.

1789년 삼부회에서 제3신분 시민계급이 독자적인 국민의회를 구성하고 국민주권을 선언하였다. 하급 성직자들 및 일부 귀족들이 합세하였다. 루이 16세는 혁명의 기세를 막을 수 없었다. 절대군주제는 입헌군주제로 이행하였다. 이어서 국민의회는 역사적인 인권선언을 선포하고 귀족들의 봉건적 특권을 종식시켰다. 나아가 교회 및 수도원의 토지를 국유화하고 성직자 신분을 변화시키는 성직자 공민헌장(Constitution civile du clergé; '성직자 민사기본법'이라고도 함)을 제정하였다. 그리고 모든 성직자들에게 '국민과 법과 국왕'에게 충성할 것을 선서케 하였다. 이제 프랑스의 교회는 교황의 교회가 아니라 프랑스 국가의 공무원이 될 참이었다.

시민들은 새 세상에 대한 열망에 고취되었다. 상퀼로트라고 하는 도시 서민들이 전면에 나서기 시작했다. 왕실과 귀족들은 울분을 삭이며 특권의 회복을 도모하였다. 성직자 공민헌장은 교회를 충성선서파와 선서거부파로 분열시켰다. 교황은 프랑스 혁명을 죄로 선언하였다. 독실한 루이 16세는 혁명과의 결별을 결심했다. 루이 16세와 마리 앙투아네트는 오스트리아 국경을 넘어 망명을 시도하였으나 붙잡히고 말았다. 왕과 왕비가 민중들에 포위되어 파리로 호송되었다. 이를 '군주제의 장송행렬'이라고 부른다. 루이 16세가 프랑스의 군주에서 프랑스의 역적이 되는 순간이었다.

주변 군주제 국가들이 나섰다. 프랑스 왕실의 운명에서 자신들의 미래를 걱정한 것이다. 더욱이 오스트리아 황제 레오폴드 2세(Leopold Ⅱ)는 왕비 마리 앙투아네트의 오빠였다. 전쟁 위기가 고조되었다. 마침내 루이 16세는 전쟁을 선언하였다. 진심은 패배를 희망하는 것이었다. 실제로 프랑스 왕의 군대는 무기력했다. 장교들의 망명이 잇달았다.

그러나 프랑스 시민들의 사기는 꺾이지 않았다. 프랑스 접경 스트라스부르의 수비대 '라인 군대'에서 출정가가 만들어졌다. 프랑스 남부 마르세유(Marseille) 의용군들이 파리로 행군하면서 그 노래를 불렀다. '시민들이여 무기를 들라'라는 노랫소리가 전국으로 그리고 전 유럽으로 퍼져 갔다. 이렇게 〈라 마르세예즈(La Marseillaise)〉는 프랑스 혁명의 행진곡이 되었고, 지금까지 프랑스 국가로 불리고 있다.

프랑스 인민들의 전의는 고조되었다. 파리의 상퀼로트들은 국민방위군을 창설할 것을 요구하고 선서 거부 성직자들을 유형에 처할 것을 요구하였다. 독실한 신자였던 루이 16세는 거부권을 행사하였다. 상퀼로트들은 궁전으로 난입하여 스위스 용병 근위대를 제압하였다. 소위 1792년 '8월 10일 봉기'이다. 프랑스가 군주제에서 공화제로 바뀌는 순간이었다. 왕권이 정지되고 보통선거에 의한 새로운 의회 소집이 결의되었다.

국왕의 거부권은 혁명 초기 입헌군주제에서 왕에게 남겨진 최후의 대권이었다. 루이 16세는 거부권을 지키고자 했고, 결국 군주제를 잃었다. 루이 16세는 군주로서의 최후의 권한을 행사하고 이제 일개 시민으로 바뀌었다. 〈라 카르마뇰〉 노래에는 왕과 왕비를 '미스터 거부권(Monsieur Veto)', '마담 거부권(Madame Veto)'이라고 조롱하는 대사가 나온다.

새로 소집된 의회인 국민공회는 군주제를 폐지하고 공화정을 수립하였으며 마침내 루이 16세와 마리 앙투아네트를 처형했다. 유럽의 군주들은 일치단결하여 프랑스 혁명에 대항하였으며('대불동맹'), 프랑스 국내에서도 대규모 반혁명 내란이 발발하였다. 특히 선서 거부 성직자 중심의 가톨릭의 저항이 거셌다. 이들은 루이 16세의 죽음을 '순교'로 인식하였다.

국민공회는 외환과 내란의 위기 속에서 혁명 비상정부를 수립하였다. 로베스피에르(Robespierre)와 공안위원회는 내란을 제압하고 영국, 오스트리아, 스페인 등의 침략을 격퇴하였다. 국민들 3분의 1 반대 그리고 전 유럽의 침략에 맞서 혁명을 성공시켰다.[1] 로베스피에르는 혁명의 수호자였다. 그러나 그 대가는 참혹한 공포정치였다. 혁명의 이상과 엄숙함은 무시무시한 국가 폭력이 되었다. '밀고가 시민의 의무이고 단두대는 미덕의 제단'이었다.[2] 처음에는 혁명을 위해 죽였으나, 다음에는 죽이는 것이 혁명이 되었다.

2. 프랑스 혁명의 노래들

(1) 〈라 마르세예즈(La Marseillaise)〉

프랑스 국왕 루이 16세와 왕비 마리 앙투아네트가 탈출에 실패하고 시민군에 잡혀 오면서 프랑스 혁명은 전 유럽의 위기로 비화한다. 오스트리아와 프로이센은 '루이 16세 보호를 위한 군사행동'을 선언하였다(이른바 '필니츠 선언 Declaration of Pillnitz'). 프랑스에서 혁명의 열기가 고조되고 주전파들이 여론을 주도했다. 의회는 전쟁을 통해 혁명의 주도권을 행사할 수 있으리라고 생각하고, 왕은 전쟁에서 프랑스 혁명정부가 패할 것을 기대하였다.

마침내 전쟁이 선언되었다. 프랑스 동부 접경 스트라스부르의 시장 디트리히 남작(baron Philippe-Frédéric de Dietrich)은 프랑스 혁명 입헌군주제를 지지하던 사람이었다.[3] 그는 라인강을 위한 혁명 부대인 '라인 부대'의 출정가를 생각했다. 마침 루제 드 릴(Rouget de Lisle) 대위가 작곡의 경험이 있었다. 루제는 하룻밤 사이 출정가를 지었다. 원래의 제목은 '라인 부대 군가(Chant de guerre pour l'armée du Rhin)'였다.

노래는 여기저기서 불렸고, 마르세유 의용군들에 의해 전국적으로 유명해졌다. 프랑스 남부 마르세유(Marseille)에서 의용군들 수백 명이 파리로 행군하면서 그 노래를 불렀다. 수천수만의 파리 시민들이 그 노래에 환호하였다. 그리고 노래 제목도 〈라 마르세예즈(La Marseillaise)〉가 되었다.

이 노래는 프랑스 혁명의 상징으로서 프랑스 혁명이 관련된 음악에 활용되었다. 나폴레옹에 대한 러시아의 승리를 기념하는 차이콥스키의 〈1812년 서곡(1812 Overture)〉에도 사용되었으며, 슈만의 가곡 〈두 명의 척탄병(Die Beide Grenadier)〉에도 사용되었다. 참고로 20세기 1942년의 영화 〈카사블랑카(Casablanca)〉에서도 삽입되어, 독일 점령군에 맞선 프랑스인들의 애국심을 극적으로 표현해 주었다.

노래의 창시자들은 불행하게도 프랑스 혁명의 공포정치 와중에 희생되고 핍박당하였다. 노래를 위촉한 스트라스부르 시장 디트리히 남작은 공화제 혁명인

8월 10일의 민중봉기에 반대하였다가 송환되어 단두대에서 처형되었다. 노래를 지은 루제도 혁명정부를 비판한 죄로 수감되어 처형될 위험에 처했으나 로베스피에르가 실각되고 공포정치가 끝나면서 풀려나게 된다.[4]

아래 라 마르세예즈 노래의 전체 가사를 올린다.

〈라 마르세예즈(La Marseillaise)〉[*]

작사: 루제 드 릴르(Claude Joseph Rouget de Lisle)

번역: 정태욱

원문 가사	한글 번역
Allons enfants de la Patrie,	조국의 자식들이여 나가자.
Le jour de gloire est arrivé !	영광의 날이 왔다.
Contre nous de la tyrannie	우리를 공격해 오는 폭정의 피 묻은 깃발이 올라갔다.
L'étendard sanglant est levé, (bis)	들리는가, 저 벌판 사나운 병사들의 꿍음이.
Entendez-vous dans les campagnes	적들이 바로 조국의 품속까지 몰려오고 있다.
Mugir ces féroces soldats ?	우리 아이들, 우리 여인들의 목을 베러 오고 있다.
Ils viennent jusque dans vos bras	
Égorger vos fils, vos compagnes !	
Refrain:	(후렴)
Aux armes, citoyens,	시민들이여 무기를 들라. 대오를 만들자.
Formez vos bataillons,	행진, 행진.
Marchons, marchons !	적들의 불순한 피로 우리 들판 농토를 적시게 하자.
Qu'un sang impur	
Abreuve nos sillons !	

* 가사 원문은 영어 위키백과에서 가져왔다. https://en.wikipedia.org/wiki/La_Marseillaise

원문 가사	한글 번역
Que veut cette horde d'esclaves, De traîtres, de rois conjurés ? Pour qui ces ignobles entraves, Ces fers dès longtemps préparés ? (bis) Français, pour nous, ah ! quel outrage Quels transports il doit exciter ! C'est nous qu'on ose méditer De rendre à l'antique esclavage !	저 한 무리의 노예 반역자들 음모를 꾸미는 왕들 무엇을 원하는가? 저들이 오랫동안 준비한 저 비열한 쇠사슬은 누구를 옥죄고자 하는 것인가? 아, 바로 우리, 우리 프랑스인들! 가증스럽다, 분노가 치민다. 그들이 감히 우리를 다시 저 낡은 노예로 되돌리려고 획책하고 있구나!
Refrain	(후렴 반복)
Quoi ! des cohortes étrangères Feraient la loi dans nos foyers ! Quoi ! Ces phalanges mercenaires Terrasseraient nos fiers guerriers ! (bis)	무엇! 저 외적의 군대들은 우리의 고향을 방자하게 지배하려 한다! 무엇! 저 밀집대형의 용병 부대들은 우리 자랑스러운 용사들을 쓰러뜨리려 한다!
Grand Dieu ! Par des mains enchaînées Nos fronts sous le joug se ploieraient De vils despotes deviendraient Les maîtres de nos destinées !	위대한 신이여! 손을 쇠사슬에 묶고, 이마에는 멍에를 씌워 우리를 굴복시키려 하고 있다. 비열한 압제자들이 우리 운명의 주인이 되고자 한다.
Refrain	(후렴 반복)
Tremblez, tyrans et vous perfides L'opprobre de tous les partis, Tremblez ! vos projets parricides Vont enfin recevoir leurs prix ! (bis) Tout est soldat pour vous combattre, S'ils tombent, nos jeunes héros, La terre en produit de nouveaux, Contre vous tout prêts à se battre !	두려움에 떨게 되리라, 폭군들과 반역자들, 저 수치스러운 모든 집단들, 두려움에 떨게 되리라. 조국을 해치려는 저들의 계획은 결국 대가를 치르리다. 여기 모든 이들이 적들과 싸우는 병사들이다. 우리 젊은 영웅들이 쓰러진다면, 그들은 다시 이 땅에서 태어날 것이다. 언제든 적들에 맞서 싸울 준비가 되어 있는.

원문 가사	한글 번역
Refrain	(후렴 반복)
Français, en guerriers magnanimes, Portez ou retenez vos coups ! Épargnez ces tristes victimes, À regret s'armant contre nous. (bis) Mais ces despotes sanguinaires,	프랑스인들이여, 고귀한 용사들이여, 우리의 타격을 행할 때 행하고, 억제할 땐 억제하라! 저 안쓰러운 희생자들, 어쩔 수 없이 우리를 향해 후회하면서 무장을 한 희생자들에게는!
Mais ces complices de Bouillé, Tous ces tigres qui, sans pitié, Déchirent le sein de leur mère !	그러나 저들 피에 굶주린 압제자들, 부이에* 장군의 공모자들, 저들 호랑이들은 무자비하게 모국의 가슴을 물어뜯고 있구나.
Refrain	(후렴 반복)
Amour sacré de la Patrie, Conduis, soutiens nos bras vengeurs Liberté, Liberté chérie,	조국에 대한 신성한 사랑, 우리 복수의 무장을 이끌어 주고, 힘을 북돋아 주기를! 자유, 소중한 자유,
Combats avec tes défenseurs ! (bis) Sous nos drapeaux que la victoire Accoure à tes mâles accents, Que tes ennemis expirants Voient ton triomphe et notre gloire !	우리 수비대와 함께 싸워 주기를! 우리의 깃발 아래 승리의 함성이 자유의 용감한 목소리로 속히 울려 퍼지길. 그리하여 저들 소멸하는 적들이 자유의 승리와 우리들의 영광을 목도하길!
Refrain	(후렴 반복)
Couplet des enfants:[b] Nous entrerons dans la carrière	어린이 구절: 우리도 부대에 들어가리라,

---

* 부이에(Bouillé)라 함은 프랑스 반혁명 왕당파 장군을 지칭한다.

원문 가사	한글 번역
Quand nos aînés n'y seront plus, Nous y trouverons leur poussière Et la trace de leurs vertus (bis) Bien moins jaloux de leur survivre Que de partager leur cercueil, Nous aurons le sublime orgueil De les venger ou de les suivre.	우리 선배들이 더 이상 존재하지 않는다면, 우리가 그들의 유해를 그리고 그들의 덕성의 자취를 찾아내리라. 선배들보다 오래 살아남기를 원하기보다 그들과 함께 관에 묻히기를 열망하노라. 우리의 자부심은 선배들의 복수를 하거나 아니면 선배들과 운명을 같이하는 것!
Refrain	(후렴 반복)

(2) 〈라 카르마뇰(La Carmagnole)〉

이 노래는 프랑스 혁명의 제2단계로 불리는 1792년 '8월 10일의 봉기' 성공 이후 프랑스 민중들 사이에 널리 불린 민요풍의 춤곡이다. 공포정치 시기를 거치며 애국의 노래에서 민중 당파의 노래가 되었다.[5] 가사는 국왕과 왕비에 대한 비난과 혁명의 자부심을 표현하고 있다. 노래의 작자는 미상이며 제목은 당시 전투적인 상퀼로트들이 입던 짧은 상의를 가리킨다고 한다.[6]

루이 16세와 마리 앙투아네트의 탈출 실패와 군주제의 위기 그리고 유럽 군주제 국가들의 위협 속에 프랑스 혁명은 더욱 격렬해졌다. 군주에 대한 배신감이 군주에 대한 신뢰를 추월하였으며 프랑스 혁명은 민중들의 민족적 애국심으로 가열되었다.

전쟁이 선언되고 기존에 구성된 프랑스군은 유럽 연합군에 패퇴하게 되었다. 프랑스 인민들 그리고 의회는 '조국이 위기에 처했다'라는 인식을 공유했다. 상퀼로트로 대변되는 프랑스 민중들은 새로운 프랑스 국민군 소집을 주장하였다. 그전까지 재산과 소득의 차이에 따라 '능동적 시민(active citizen)'과 '수동적 시민(passive citizen)'의 차별이 있었다. 수동적 시민들은 자유권 등 기본 권리는 인정하되 정치 참여와 군대 참여는 허용되지 않았던 것이다. 이제 수동적 시민들, 상퀼로트가 국민주권의 주체가 된 것이다. 상퀼로트들은 혁명을 밀고 나가고자 했다. 국내 혁명 반대 근거세력인 선서 거부 가톨릭 성직자들의 유배를 주장하였다.

파리의 상퀼로트들은 루이 16세가 머물고 있던 튈르리 궁(Palais des Tuileries)으로 몰려가 국왕과 의회를 압박하였다. 그러나 루이 16세는 완강하였다. 국왕의 최후 특권인 거부권을 행사하였다. 가톨릭 신앙에 독실하였던 국왕은 더 이상 물러날 수 없다고 생각했다. 파리의 상퀼로트들은 독자적인 조직을 구성하여 튈르리 궁을 공격하였다(이른바 '봉기 코뮌 la commune insurrectionelle'). 마르세유 출신 의용군들이 제일 먼저 진입하였다. 스위스 용병들로 구성된 근위대와 충돌하였다. 루이 16세는 근위대의 발포를 중단시켰고, 파리의 봉기는 승리하였다.[7]

이후 루이 16세와 왕비 마리 앙투아네트는 탕플(Temple) 감옥 탑에 갇혔고, 결국 처형당한다. 이로써 프랑스 군주제는 사실상 끝이 나고, 프랑스 공화국의 역사가 첫걸음을 떼었다.

아래 라 카르마뇰 노래 가사를 올린다.

〈라 카르마뇰(La Carmagnole)〉*

작사: 미상

번역: 정태욱

원문 가사	한글 번역
Madame Veto avait promis,	마담 거부권은 다짐했지
Madame Veto avait promis.	마담 거부권은 다짐했지
de faire égorger tout Paris,	파리 인민들 모두 목을 베겠다고
de faire égorger tout Paris.	파리 인민들 모두 목을 베겠다고
Mais son coup a manqué	그러나 그렇게 하지 못했지.
grâce à nos canonniers.	우리 포병부대들 때문에
Refrain:	(후렴)
Dansons la Carmagnole	우리 카르마뇰 춤을 춥시다.
Vive le son,	대포 소리 만세
Vive le son.	대포 소리 만세
Dansons la Carmagnole	우리 카르마뇰 춤을 춥시다.
Vive le son du canon.	대포 소리 만세
Monsieur Veto avait promis	미스터 거부권은 다짐했지
Monsieur Veto avait promis	미스터 거부권은 다짐했지
D'être fidèle à son pays,	조국에 충성하겠다고
D'être fidèle à son pays,	조국에 충성하겠다고
Mais il y a manqué,	그러나 그렇게 하지 않았어.
Ne faisons plus quartier.	그에게 베풀 자비는 없다.
Refrain	(후렴 반복)

---

* 라 카르마뇰 노래는 짧은 버전이 있고, 긴 버전이 있다. 여기서는 짧은 버전을 소개한다. 이 노래 가사는 https://revolution.chnm.org/d/624 사이트에서 가져왔다. 긴 가사는 프랑스 위키소스의 1869년 출판 본으로 확인할 수 있다. https://fr.wikisource.org/wiki/La_Carmagnole.

원문 가사	한글 번역
Antoinette avait résolu	앙투아네트는 결심했지
Antoinette avait résolu	앙투아네트는 결심했지
De nous faire tomber sur le cul	우리를 주저앉히겠다고
De nous faire tomber sur le cul	그러나 그 시도는 실패하였지.
Mais le coup a manqué	이제 그녀 높은 코가 부러졌네.
Elle a le nez cassé.	
Refrain	(후렴 반복)
Son Mari se croyant vainqueur,	그녀의 남편은 승리하리라 믿었지
Son Mari se croyant vainqueur,	그녀의 남편은 승리하리라 믿었지
Connaissait peu notre valeur,	그러나 우리 역량을 몰랐어
Connaissait peu notre valeur.	그러나 우리 역량을 몰랐어
Va, Louis, gros paour,	가라 루이, 뚱보 멍청아,
Du Temple dans la tour.	탕플의 감옥 탑으로.
Refrain	(후렴 반복)
Les Suisses avaient promis,	스위스 용병들은 다짐했지
Les Suisses avaient promis,	스위스 용병들은 다짐했지
Qu'ils feraient feu sur nos amis,	우리 동료들을 쏘아 쓰러뜨릴 거라고.
Qu'ils feraient feu sur nos amis,	그러나 그들은 얼마나 뛰어다니던지
Mais comme ils ont sauté!	그들 모두 얼마나 춤을 추던지.
Comme ils ont tous dansé!	
Refrain	(후렴 반복)
Quand Antoinette vit la tour,	앙투아네트가 감옥 탑을 바라볼 때,
Quand Antoinette vit la tour	앙투아네트가 감옥 탑을 바라볼 때,
Elle voulut faire demi-tour,	그녀는 돌아서려고 했네
Elle voulut faire demi-tour,	그녀는 돌아서려고 했네.
Elle avait mal au coeur.	그녀는 마음이 아팠어.

원문 가사	한글 번역
De se voir sans honneur.	명예가 사라진 자신의 모습을 보는 것이.
Refrain	(후렴 반복)

3. 이후의 전개과정

로베스피에르는 '위기에 처한 조국'을 구하고 프랑스 혁명을 진군시켰다. 그러나 그의 공포정치는 일반 국민들은 물론이고 국민공회 의원들에게도 두려움의 대상이었다.

혁명의 신성함으로 무장한 로베스피에르 그리고 그의 젊은 동료 생 쥐스트(Saint Just)는 혁명 진영에도 가차 없었다. 비기독교화를 선도하였던 에베르(Jacques Hébert) 등 '격앙파'를 숙청한 데 이어, 혁명을 온건하게 마무리하고자 했던 당통(Georges Danton) 등 '관용파'도 처형하였다. 로베스피에르의 정치적 토대는 점점 줄어들었다. 상퀼로트들은 흩어졌다. 다수의 국민공회 의원들이 공포정치에 반대하여 결합하였다. 마침내 1794년 7월 로베스피에르, 생 쥐스트 등 혁명 지도부를 제거하였다(이른바 '테르미도르의 반동 Thermidorian Reaction').

테르미도르파는 새롭게 온건한 '총재정부'를 수립하였다. 그러나 로베스피에르가 제거되고 상퀼로트가 무력화되면서 혁명의 열정도 잦아들었다. 혁명 지도부는 자중지란과 지리멸렬에 빠졌다. 그런 가운데 왕당파는 다시 재기하였다. 망명귀족들과 반혁명군대를 조직하여 국민공회를 향해 진주하였다. 혁명의 운명이 경각(頃刻)에 달려 있던 순간, 국민공회의 근위대장이었던 26세의 청년이 신속한 대응으로 반란군을 제압하였다. 나폴레옹이 혁명과 공화국의 수호자로 등장하는 순간이었다.

그렇지만 나폴레옹이 혁명의 전면에 서게 되면서, 이제 프랑스 혁명, 즉 자유와 평등의 공화국, 특권신분의 철폐라는 목표는 나폴레옹의 군사주의에 의존하게 되었다. 나폴레옹 통치 기간에 '만민평등' 등 공화국의 기본 원리들은 상당 부분 안착되었다. 그러나 그것은 나폴레옹의 전쟁과 권위주의를 대가로 한 것이었다.

Ⅱ. 프랑스 혁명과 공포정치:
〈카르멜 수녀들의 대화(풀랑크의 오페라)〉

이 오페라는 프랑스 혁명 당시 희생된 콩피에뉴(Compiègne) 지역 카르멜 수도회 16명의 수녀들의 실화에 바탕을 두고 있다. 극중 이야기는 작가의 상상력이 동원되었다. 가톨릭 문인 죠르주 베르나노스(Georges Bernanos)가 각본을 쓰고 프란시스 풀랑크(Francis Poulenc)가 작곡하였다. 1957년 이탈리아 밀라노 라 스칼라(La Scala)에서 초연되었고, 같은 해 프랑스어 버전으로 파리에서도 공연되었다.

프랑스 혁명은 종교의 자유를 확립하는 것을 넘어 가톨릭을 타도하는 데까지 나아갔다. 교회와 수도원 토지를 국유화하고 성직자들을 국가 공무원으로 만들고 수도원을 폐쇄토록 하였다. 그리고 많은 성직자들이 반혁명분자로 취급되어 희생되었다. 이 오페라는 혁명의 비극과 수녀들의 비감한 순교를 감동적으로 전하고 있다.

1. 역사적 배경

앞서 보았듯이 프랑스 가톨릭은 구 기득권체제의 일부로서 국가의 위기에 책임을 져야 했다. 사회는 세속화되어 갔고, 교회는 더 이상 신성한 권위를 주장할 수 없었다. 시민들 사이에 계몽주의가 확산되었으며, 호사를 즐기는 고위 성직자들은 존경받지 못하였다. 교회의 막대한 토지 재산이 국가 재정 문제에 관한 유일한 해결책으로 보였다.

프랑스 혁명이 발발하면서 국민의회는 교회와 수도원 재산의 국유화를 선언하였다. 교회의 십일조 과세 특권도 박탈하였다. 이제 성직자들은 국가로부터 봉급을 받는 공무원이 되어야 했다. 1790년 국민의회는 성직자 공민 헌장을 통과시켰다. 교황이 아니라 국민과 법에 충성할 것을 맹세해야 했다.

이러한 충성 선서 요구는 성직자들을 분열시키고, 나아가 프랑스를 분열시켰다. 충성 선서파와 선서 거부파가 거의 반반으로 갈라졌다.[8] 서로 정통성을 주장하며 사회악을 상대의 책임으로 돌렸다. 혁명정부의 가톨릭에 대한 공격은 심화되었다. 교회가 관리하던 호적업무를 정부로 이관하였다. 20명의 시민이 '반공민적(incivisme)'이라고 고발하면 거부파 사제는 추방당할 수 있었다.

루이 16세의 탈출 실패로 혁명은 격화되었으며, 프랑스는 전 유럽의 군주국가들을 상대해야 했다. 초기 전쟁에서 프랑스는 패퇴하였으며, '조국의 위기'가 선언되었다. 프랑스 민중들은 격앙되었고, 왕궁으로 몰려가 새로운 국민군을 조직할 것과 선서거부파 사제들을 추방할 것을 요구하였다. 왕은 거부권을 행사하였고, 민중들은 궐기하였다(1792년 8월 10일 봉기). 결국 군주제는 폐지되고, 공화제가 수립되었다. 파리 민중들이 혁명의 주체가 되었고, 로베스피에르가 지도하였다.

혁명정부는 아직 남아 있던 모든 수도원과 신도회에 폐쇄를 명하였으며, 선서거부파 사제들에게 2주 내로 프랑스를 떠날 것을 최후 통첩하였다. 3만 명 이상의 사제들이 망명하였다. 루이 16세가 처형되면서 혁명은 극단으로 치달았다. 가톨릭 신앙을 고수했던 왕의 죽음은 결연한 '순교'로 인식되었다. 근왕(勤王)주의자들 선서거부파 중심으로 내란이 발발하였다. 선서 거부 성직자들은 반역자로 취급되었다. 두 명의 증인만 있으면 24시간 내에 처형할 수 있게 되었다.

혁명의 공포가 지배하면서 충성 선서한 성직자들도 온전치 못하였다. 프랑스 공화국에서 가톨릭을 아예 폐지하고자 하였다. 소위 '비기독교 운동 (Déchristianisation)'이다. 이혼이 허용되어 혼인 및 가족관계는 더 이상 성사(聖事)가 아니게 되었다. 많은 사제들이 사제직을 포기하였고, 사제들의 결혼도 이어졌다. 무엇보다 공포정치 시기 많은 성직자들이 반혁명분자로 처형되었다. 혁명재판소 등에서 처형된 인원 14,000명 가운데 성직자는 920명에 달하였다.[9]

2. 풀랑크의 오페라 〈카르멜 수녀들의 대화(Dialogues des Carmélites)〉

이 오페라는 파리 근교의 콩피에뉴(Compiègne) 지역 카르멜 수도회 16명의 수녀들의 실화를 소재로 한 것이다.

프랑스 혁명정부는 모든 신부 수녀들에게 성직자 공민헌장에 대한 맹세를 요구하였다. 혁명정부에 대한 충성을 강요한 것이었다. 콩피에뉴 카르멜 수녀들은 선서를 거부하였다. 앞서 보았듯이 1792년 8월 10일 봉기 이후 모든 잔존 수도원 및 수녀원들에 대한 폐쇄명령이 내려졌다. 수녀들은 민간 지역으로 이주하였으나 친지들의 도움으로 신앙생활을 이어갔다. 공포정치가 심화되면서 수녀들은 반혁명분자로 간주되어 체포되었다. 그리고 1794년 7월 17일 사형 선고를 받고 처형되었다. 수녀원장인 마더 데레사는 자신들의 반혁명주의를 인정했으나 종교적 열정은 무죄임을 주장하였다. 로베스피에르가 실각하면서 공포정치가 끝나기 열흘 전이었다.[10]

오페라 각본은 위와 같은 프랑스 혁명과 수도원 폐쇄 및 수녀들 처형의 시간 순으로 진행된다. 그러나 이야기 내용은 작가의 상상력의 산물이다.

프랑스 혁명이 발발하고 귀족들이 공격을 받으면서 드 라 포르스 후작 딸 블랑쉬는 수녀원에 은거하기로 결심한다. 수녀원장은 블랑쉬에게 수녀원은 도피처가 아니며 수도원이 수녀들을 지키는 것이 아니라 수녀들이 수도원을 지켜야

한다고 말한다. 수다쟁이 수녀 콩스탕스가 블랑쉬와 친해진다. 수도원 재산의 국유화가 선언되고 성직자 공민헌장이 선포되었다. 경찰이 와서 수녀복장을 금지시킨다. 이제 사람들은 성직자의 성사가 필요 없다고 말한다. 한 수녀가 성직자의 순교를 말한다. 경찰은 이런 시기 죽음은 무의미하다고 한다. 그러자 수녀는 이렇게 퇴락한 시대는 삶도 무의미하다고 답한다. 순교 맹세가 제안되고 비밀투표가 실시된다. 블랑쉬는 두려운 마음에 수녀원을 나온다. 콩스탕스는 반대하였다가 다시 순교 맹세에 동의한다. 수녀들이 모두 체포되고 사형 선고를 받는다. 한 명 한 명 성모 찬송가(Salve Regina)를 부르며 단두대를 향한다. 기요틴 칼날 떨어지는 섬뜩한 소리 들린다. 마지막 순간에 블랑쉬가 돌아온다. 수녀 콩스탕스에 이어 블랑쉬도 찬송가를 부르며 형장의 이슬로 사라진다.

아래는 오페라 마지막 부분 수녀들이 성모 찬송가인 '여왕 만세(Salve Regina)'를 부르며 단두대로 향하는 장면의 노래 가사를 올린다.

〈카르멜 수녀들의 대화(Dialogues des Carmélites)〉[*11]

Salve Regina 라틴어 가사	최호영 신부 번역
Salve, Regina, Mater misericordiæ, vita, dulcedo, et spes nostra, salve. Ad te clamamus exsules filii Hevæ, Ad te suspiramus, gementes et flentes in hac lacrimarum valle.	그러니, 우리의 변호자시여, 당신의 그 자비의 눈을 우리에게 돌리소서. 당신 태중의 복되신 아들 예수님을 이 귀양살이 후에 우리에게 보이소서. 오 너그러우신 분, 오 자애로우신 분, 오 부드러우신 동정 마리아여!

Salve Regina 라틴어 가사	최호영 신부 번역
Eia, ergo, advocata nostra, illos tuos misericordes oculos ad nos converte; Et Jesum, benedictum fructum ventris tui, nobis post hoc exsilium ostende. O clemens, O pia, O dulcis Virgo Maria.	살베, 여왕이시여, 자비의 어머니, 우리의 생명, 기쁨, 희망이시여, 살베. 귀양살이하는 하와의 자손들이 당신께 부르짖나이다. 울며 애원하며 이 눈물의 골짜기에서 당신께 간청하나이다.

3. 이후의 전개과정

로베스피에르의 공포정치가 종식된 이후 총재정부하에서도 가톨릭에 대한 탄압은 지속되었다. 성직자 공민 헌장마저 폐기되어 성직자에 대한 봉급 지원도 중단되었다.

그러나 전통 종교에 대한 일반 국민들의 애착을 강제로 소거할 수는 없었다. 총재정부 1797년 선거에서 이미 종교 재생의 여론이 확인되었다. 국민들은 교회의 문이 다시 열리고 교회의 종이 다시 울리기를 원하였다. 나폴레옹 통령정부가 들어서면서 가톨릭은 급속도로 부흥하였다.

나폴레옹은 특권 폐지의 혁명을 정착시키면서 평화와 통합을 추진하였다. 나폴레옹은 혁명가들에게 증오감을 버리라고 주문하였다. 가톨릭 신도들에게 평화와 신앙을 보장토록 하였다. 혁명기 핍박당하고 추방되었던 이들에게는 복수심을 버릴 것을 주문하였다. 교회는 다시 열리고 망명자 명부는 사라질 것이라고 보장하였다.[12] 나폴레옹은 1801년 이탈리아 교황령을 정복하고 교황 피우스 7세와 정교협약을 맺었다. 가톨릭은 프랑스 국민 대다수의 종교라는 점이 재확인되었다. 예배의 자유가 허용되었고, 가톨릭교회가 재건되었다.

가톨릭은 예전과 같은 국교는 아니었지만, 다시 국민의 종교가 되었다. 나폴레옹 실각 후 프랑스 교회와 교황청의 관계는 더욱 밀접해졌다. 가톨릭교회는 학생들의 교육에 전권을 가졌으며, 농촌에서의 영향력은 지대하였다. 교회,

군대, 고위 공직자의 인적 유대는 강고하였다. 프랑스 헌정사에서 정교분리는 1905년 법률 제정을 통해 실현된다.

Ⅲ. 나폴레옹의 유럽 정복:
⟨파가니니(레하르의 오페레타)⟩, ⟨두 명의 척탄병(슈만의 가곡)⟩

두 명의 척탄병(Die Beiden Grenadiere)은 하인리히 하이네(Heinrich Heine) 작시, 로베르트 슈만(Robert Schumann) 작곡으로서 프랑스 혁명과 나폴레옹 황제를 기리는 노래이다.

오페레타 파가니니(Paganini)는 프란츠 레하르(Franz Lehár) 작곡으로 당시 나폴레옹 여동생 엘리자(당시 이탈리아 루카와 토스카나의 통치자)와 천재 바이올린 연주자 파가니니의 사랑 얘기를 담고 있다.

프랑스 혁명은 결국 나폴레옹의 군사력에 의존하게 되었고, 나폴레옹은 유럽을 프랑스 제국으로 만들었다. 나폴레옹은 프랑스 혁명을 제도화하고 프랑스 국가를 통합하고 프랑스인들에게 영광을 선사해 주었으며, 전 유럽에 특권 폐지와 자유의 정신을 전파하였다. 그러나 동시에 전 유럽을 전쟁의 도가니로 만들었고, 수많은 사람들에게 끔찍한 희생을 요구하였다.

1. 역사적 배경

로베스피에르를 제거한 프랑스 국민공회 테르미도르파는 총재정부를 수립하고 공화제를 유지였지만, 더 이상 혁명의 지도력을 발휘하지 못하였다. 프랑스 공화국은 길을 잃고 모든 계층이 불행해졌다. 혼돈의 순간 왕당파의 공격을 제압한 나폴레옹이 새로운 희망으로 떠올랐다. 그는 총재정부의 야비함과 부패로부터 자유로웠고, 특권 폐지의 혁명을 지지하면서, 대립적 당파를 초월할 줄

알았고, 무엇보다 프랑스의 영광을 실증할 능력이 있었다.

나폴레옹은 프랑스 국민군을 이끌고 풍요로운 이탈리아에 출정하여 오스트리아와 겨루었다. 나폴레옹은 한 달 만에 빈약한 급식에 누더기를 걸친 군인들을 자부심이 충만한 최고의 군대로 만들었다. 더욱이 이탈리아인들은 오스트리아의 지배로부터 벗어나 나폴레옹 군대를 환영하였다.[13] 그러나 이후 이탈리아는 나폴레옹 제국에 편입될 것이었다.

나폴레옹은 1799년 통령정부를 수립하여 새로운 리더십을 수립하였다(소위 '브뤼메르의 쿠데타 Coup d'État du 18 Brumaire', 이 쿠데타에서 동생 루시앙이 중요한 역할을 하였다). 제1통령 나폴레옹 헌법은 국민투표의 승인을 받았다. 이제 프랑스 공화국은 '위로부터의 권위와 아래로부터의 신뢰'라는 새로운 헌정 원리에 의해 움직였다. 나폴레옹은 곧 황제가 될 것이었으며, 프랑스 국민들에게 조국의 영광으로 보답하였다. 나폴레옹의 군대는 벨기에를 병합하고 라인강을 자연 국경으로 하는 프랑스인들의 오랜 염원을 성취했다.

나폴레옹은 또한 프랑스의 통합을 추진하였다. 나폴레옹은 혁명가들에게 증오감을 버릴 것을 주문하였다. 가톨릭 신도들에게 평화와 신앙을 보장토록 하였다. 혁명기 핍박당하고 추방되었던 이들에게는 복수심을 버릴 것을 주문하였다. 교회는 다시 열리고 망명자 명부는 사라질 것이라고 보장하였다.[14] 교황과 정교협약을 맺어 가톨릭을 국민 대다수의 종교로 복원하였다. 그리고 교황을 임석하게 하고 황제 대관식을 거행하였다. 프랑스는 공화국에서 제정으로 바뀌었다(프랑스 제1제정).

나폴레옹 황제는 프랑스 혁명의 성과를 제도화하였다. 혁명은 귀족제를 폐지하였지만, 나폴레옹은 모든 용기 있는 이들이 귀족이 될 수 있게 하였다.[15] 나폴레옹은 프랑스 민법전(Code Civile; 공식 명칭은 나폴레옹 법전)을 제정하여 봉건적 특권을 없앤 자리에 만민평등과 능력주의를 심었다. 나폴레옹의 정복 전쟁은 유럽을 휩쓸었고, 프랑스 민법전과 혁명의 정신은 유럽 자유의 정신으로 펴져 나갔다.

프랑스가 병합한 라인강 좌안은 물론이고 이후 나폴레옹이 지배하게 되는 독일의 라인 연방에서도 신분제가 타파되었다. 유대인들도 직업 선택의 자유를 향유하게 되었다. 유대인들에게 나폴레옹은 메시아와 같았다.[16] 트리어(Trier) 지역에서 카를 마르크스의 부친도 유대인 제사장 가문을 벗어나 변호사의 자격을 취득하였다. 라인강변 뒤셀도르프(Düsseldorf)에서 태어난 독일의 문호 하인리히 하이네(Heinrich Heine)도 나폴레옹의 해방공간에서 소년 시절을 보냈다. 유대인 하이네에게 파리는 '새로운 예루살렘'이었으며, 라인강은 자유과 해방을 위한 '요단강'이었다.[17] 하이네는 프랑스로 망명한다.

그러나 영국은 패배하지 않았다. 나폴레옹의 영국 정벌 계획은 현실성이 없었다. 나폴레옹의 육군은 무적이었지만, 영국의 해군 또한 무적이었다. 나폴레옹은 대신 대륙 봉쇄, 즉 전 유럽을 프랑스 패권하에 두고자 하였다. 나폴레옹 일가를 권좌에 앉혀 단속과 충성을 기대하였다. 형 조제프(Joseph)는 이탈리아 남부 나폴리 왕국의 왕으로 앉혔다가 이후 스페인의 왕으로 격상시켰다. 동생 루이(Louis)는 네덜란드 왕이 되었다. 막냇동생 제롬(Jérôme)도 독일 베스트팔렌(Westfalen) 공국의 지배자가 되었다. 첫째 여동생 엘리자(Elisa)는 이탈리아 북부 루카와 피옴비노(Lucca and Piombino)의 대공 그리고 이어서 피렌체가 있는 토스카나(Toscana)의 대공이 되었다. 나폴레옹은 엘리자를 '여군주'로 높게 평가했다. 엘리자는 음악가 파가니니(Paganini)를 그녀의 궁정에 고용하였다. 둘째 여동생 폴린(Pauline)은 이탈리아 도시국가 구아스탈라(Guastalla)의 대공이 된다. 셋째 여동생 카롤린(Caroline)은 오빠 조제프에 이어 나폴리 왕국의 왕비가 된다. 바로 아래 동생인 루시앙(Lucien)은 나폴레옹 제국에 가담하지 않았다. 실제로는 루시앙이 형 나폴레옹이 제1통령 집권 쿠데타를 성공시키는 등 가장 유능하였으나 그는 자신의 길을 갔다.[18]

유럽은 넓었고 나폴레옹 일가는 무능하거나 무책임하였다. 스페인에서 최초의 좌절을 겪었고, 교황청도 대륙봉쇄에 반기를 들었다. 오스트리아도 다시 기회를 노리고 있었다. 나폴레옹은 조세핀과 이혼하고 오스트리아 황녀와 재혼하였으나 유럽의 연대는 성사되지 않았다. 결국 러시아가 문제였다. 러시아는 나폴레옹의 경고에 아랑곳하지 않았다. 러시아 황제 알렉산드르 1세는 스페인의 빨치산 전법을 보면서 나폴레옹에 대한 해법을 깨달았다. 나폴레옹은 러시아 원정을 감행했다. 무모한 출정이었다. 나폴레옹 군대가 전투에서 승리하고 전진할수록, 전쟁에서는 패배의 수렁으로 빠져들어 갔다.

나폴레옹은 러시아의 광활한 대지와 겨울의 혹한 속에서 부상병들을 이끌고 후퇴할 수밖에 없었다. 러시아, 오스트리아, 프로이센, 영국, 스웨덴 등이 대군을 형성해서 총반격에 나섰고, 나폴레옹의 군대는 마침내 무너졌고 유럽의 나폴레옹 제국도 해체된다.

2. 나폴레옹 관련 노래들

(1) 슈만의 가곡 〈두 명의 척탄병(Die Beiden Grenadiere)〉

이 노래는 하인리히 하이네 작시, 로베르트 슈만 작곡이다. 척탄병(Grenadiere)이란 가장 용감한 정예 군인들을 말한다.

하이네의 초창기 시로 알려져 있으며 하이네의 유명한 〈노래의 책(Buch der Lieder)〉의 제1부 '젊음의 고통(Junge Leiden)' 편에 실려 있다. 창작 연도는 정확하지 않으나 그의 청년 시절 고향 뒤셀도르프에서 러시아 원정에서 포로로 잡혔다가 돌아가는 프랑스 군인들을 떠올리며 1822년에 쓴 것이라고 알려져 있다.[19] 하이네는 1811년 어린 시절 나폴레옹이 뒤셀도르프에 입성하는 장면을 목도하고 감격한 바도 있다.[20]

슈만의 가곡집 〈로만체와 발라드 2(Romanzen und Balladen Ⅱ)〉(작품번호 49)에 실려 있으며 1840년 작곡으로 알려져 있다. 슈만은 음악가이면서 당대의 지식인으로서 독일의 자유와 정신에 대한 사명감을 가지고 있었다. 민주주의 혼란에는 거부감을 가지면서도 프랑스 1830년 7월 혁명에는 동조적이었다고 한다.[21]

이 노래는 러시아 원정에서 패배하고 돌아가는 프랑스 병사들의 대화를 담고 있다. 프랑스 병사의 나폴레옹에 대한 숭배와 헌신이 유려하게 그리고 격정적으로 표현되어 있다. 슈만은 노래의 후반 절정 부분에는 프랑스 혁명의 노래 '라 마르세예즈'의 선율을 차용하였다. 슈만이 하이네의 염원에 공감했음을 보여준다고 생각한다.

아래 노래의 가사 번역을 올린다.

〈두 명의 척탄병(Die Beiden Grenadiere)〉
작사: 하인리히 하이네(Heinrich Heine)
번역: 정태욱

원문 가사	한글 번역
Nach Frankreich zogen zwei Grenadier', Die waren in Russland gefangen. Und als sie kamen ins deutsche Quartier, Sie liessen die Köpfe hangen.	두 명의 척탄병이 프랑스로 돌아가고 있었다. 러시아에서 포로로 잡혔던 이들이다. 독일 땅에 들어섰을 때, 그들은 고개를 떨구었다.

원문 가사	한글 번역
Da hörten sie beide die traurige Mär:	슬픈 소문을 들었던 것이다.
Dass Frankreich verloren gegangen,	프랑스가 패배하였고, 포위되었으며, 용감한 군대가
Besiegt und geschlagen das tapfere Heer—	무너졌다는 것이다.
Und der Kaiser, der Kaiser gefangen.	그리고 황제가, 황제가 사로잡혔다는 것이다.
Da weinten zusammen die Grenadier'	그 비참한 소식에, 척탄병들은 함께 울었다.
Wohl ob der kläglichen Kunde.	한 명이 말했다: "이 얼마나 비통한가, 지난 상처가
Der eine sprach: „Wie weh wird mir,	다시 살을 에는구나"
Wie brennt meine alte Wunde!"	
Der andre sprach: „Das Lied ist aus,	다른 병사가 말했다: "우리 노래는 끝이다. 나도 당
Auch ich möcht mit dir sterben,	신과 함께 죽고 싶다. 하지만, 집에 처자식이 있다.
Doch hab' ich Weib und Kind zu Haus,	그들을 어찌할꼬"
Die ohne mich verderben."	
„Was schert mich Weib, was schert mich Kind,	"아내도, 자식도 아무래도 좋다"
Ich trage weit bess'res Verlangen;	더 귀한 것이 있다.
Lass sie betteln gehn, wenn sie hungrig sind—	굶주릴 때면, 빌어먹으면서 살 수 있다.
Mein Kaiser, mein Kaiser gefangen!	하지만, 우리 황제, 우리 황제가 잡혀 있다!
„Gewähr mir, Bruder, eine Bitt':	형제여, 내 부탁을 들어주게:
Wenn ich jetzt sterben werde,	내가 여기서 죽거든,
So nimm meine Leiche nach Frankreich mit,	내 시신을 프랑스에 가져다주게,
Begrab mich in Frankreichs Erde.	그리고 프랑스 땅에 묻어 주게.
„Das Ehrenkreuz am roten Band	붉은 리본의 명예의 십자가를
Sollst du aufs Herz mir legen;	나의 가슴에 얹어 주게.
Die Flinte gib mir in die Hand,	나의 손에는 총을 쥐여 주고,
Und gürt mir um den Degen.	나의 몸에는 칼을 채워 주게.
„So will ich liegen und horchen still,	마치 무덤을 지키는 침묵의 보초처럼,
Wie eine Schildwach, im Grabe,	그렇게 고요히 누워 들으리라.

원문 가사	한글 번역
Bis einst ich höre Kanonengebrüll Und wiehernder Rosse Getrabe. „Dann reitet mein Kaiser wohl über mein Grab, Viel Schwerter klirren und blitzen;	그리하여 대포 소리 천둥처럼 울리고, 힘찬 말발굽 소리 대지가 진동할 때, 황제가 탄 말이 내 무덤 위를 지나고, 수많은 칼들이 서로 부딪치며 번득일 때,
Dann steig ich gewaffnet hervor aus dem Grab— Den Kaiser, den Kaiser zu schütz	나는 무기를 들고 무덤에서 벌떡 일어나, 황제를, 황 제를 지키리라.

(2) 레하르의 오페레타 〈파가니니(Paganini)〉

이 오페레타는 프란츠 레하르(Franz Lehár) 작곡이며 대본은 파울 크네플러(Paul Knepler)와 벨라 옌바흐(Bela Jenbach)가 썼다. 1925년 오스트리아 빈(Wien) 요한 슈트라우스 극장에서 초연되었다.

오페라 파가니니는 젊은 시절의 파가니니와 나폴레옹의 여동생 엘리자의 관계를 배경으로 하고 있다. 앞서 보았듯이 나폴레옹은 첫째 여동생 엘리자에게 이탈리아 소공국 루카(Lucca)와 피옴비노(Piombino)의 지배를 맡겼고, 엘리자는 그 지역의 천재 바이올린 연주자 파가니니를 궁정 연주자로 고용하였다. 또한 엘리자의 남편은 바이올린에 취미가 있어 파가니니로부터 바이올린을 배웠다. 이후 나폴레옹은 엘리자에게 피렌체가 있는 토스카나 공국의 대공직도 맡기었다. 나폴레옹의 다른 형제자매들과 달리 엘리자는 루카와 토스카나 지배 10년 동안 통치의 능력을 보여주었다. 파가니니는 엘리자의 남편에게 바이올린을 가르치면서 엘리자와 연인관계를 맺었다. 루카와 토스카나의 통치권은 엘리자에게 있었으며, 엘리자와 남편은 서로의 생활에 간섭하지 않았다.

오페레타 각본은 파가니니와 엘리자의 첫 만남에서 시작하여 엘리자와 파가니니가 연인관계로 이어지다가 결국 파가니니가 프리랜서로 독립하는 과정을 담고 있다. 전체 흐름은 역사적 사실과 일치하지만, 이야기 전개는 작가의 상상력에 의한 것이다. 오페레타에서 파가니니는 엘리자와 연인관계에 있으면서 동시에 엘리자 남편의 정부(情婦)와도 연애를 하는 것으로 나온다. 그리고 엘리자의 오빠 황제 나폴레옹이 파가니니와의 관계를 청산할 것을 요구한다. 결말에서 파가니니는 엘리자 그리고 또 다른 여인과도 작별하고 떠날 결심을 한다. 어떤 여인도 자기를 소유할 수 없고, 자신의 재능은 모든 이들의 것이라고 말한다. 그런데 실제 파가니니는 엘리자 남편의 정부와 연애를 한 것이 아니라 엘리자의 동생 폴린을 만난 것으로 알려져 있다. 나폴레옹의 둘째 여동생 폴린은 자유분방한 여인으로 '유럽의 미인(la bellissima)'이라는 별명을 얻었다.[22]

아래는 오페레타 제2막의 엘리자의 아리아 "사랑이여, 지상에서의 천국(Liebe, du Himmel auf Erden)"을 소개한다. 엘리자가 자신으로부터 마음이 떠나는 파가니니에게 사랑을 호소하는 내용이다. 오빠 나폴레옹 황제의 요구에도 자신은 사랑을 지키겠다는 결의를 보여주는 것이라고 생각한다.

〈사랑이여, 지상에서의 천국(Liebe, du Himmel auf Erden)〉
작사: 파울 크네플러(Paul Knepler)와 벨라 옌바흐(Bela Jenbach)
번역: 정태욱

원문 가사	한글 번역
Ich kann es nicht fassen, nicht glauben,	나는 믿을 수 없어요.
daß grausam mein Traum ist zerstört,	내 꿈이 잔인하게 파괴되는 것을.
man will dem Geliebten mir rauben,	사람들은 내 사랑, 내 온 마음이 속한 사랑을 강탈해
dem ganz mein Herz gehört!	가려고 합니다.
Das Glück will ich halten, das lauenhaft,	나는 내 행복, 아무리 변덕스러워도 그것을 지키겠소.
das Schicksal gestalten mit eig´ner Kraft,	내 운명 조금의 힘으로라도 만들어 가겠소.
und stünd´ ich auch gegen die Welt allein,	
er sei mein, er sei mein!	

원문 가사	한글 번역
Liebe, du Himmel auf Erden, ewig besteh´!	나는 세상에 홀로 맞설지라도
Liebe, du Traum aller Träume, niemals vergeh´!	그대여 내 사람이 되어 주오.
Du sollst mich umschweben	내 사람이 되어 주오.
holdselig im Leben, nur du gibst unserm Sein	
Inhalt allein!	사랑이여, 지상에서의 천국이여, 영원히 이어지길!
	사랑이여, 모든 꿈들의 꿈 영원히 사라지지 말지어다!
Liebe, du Himmel auf Erden, ewig besteh´!	사랑이여, 언제나 내 생에 내 곁에,
Liebe, du Traum aller Träume, niemals vergeh´!	사랑만이 우리 존재에 의미를 줄 수 있소.
Du schenkst alle Freuden,	
du heilst alle Leiden, dein,	사랑이여, 지상에서의 천국이여, 영원히 이어지길!
dein ist die Macht über jedes Herz!	사랑이여, 모든 꿈들의 꿈 영원히 사라지지 말지어다.
	사랑은 모든 기쁨을 주고
	사랑은 모든 고통을 치유하고
	사랑은 모든 가슴을 지배하는 힘이어라.

3. 이후의 전개과정

러시아 원정에서 실패한 나폴레옹은 유럽 연합군에 패배하고 실각한다. 나폴레옹은 지중해의 엘베섬으로 유배당한다. 나폴레옹은 국민적 여망을 등에 업고 엘베섬을 탈출하여 프랑스로 귀환한다. 그러나 워털루 전투에서 영국과 프로이센의 연합군에 종국적으로 패배한다. 나폴레옹은 아프리카 동쪽 대서양의 고도(孤島) 세인트헬레나섬에 유폐되어 생을 마감한다.

프랑스에서는 처형당한 루이 16세의 동생 루이 18세가 군주제를 회복한다. 루이 18세의 후계자 샤를 10세는 다시 절대왕정을 도모했다. 그러나 프랑스 혁명의 자유의 정신은 사라지지 않았고, 1830년 7월 혁명으로 입헌주의가 확립된다. 또 1848년에는 2월 혁명이 일어나 군주제를 폐지하고 다시 공화정(제2공화국)을 수립한다. 하지만, 공화정의 토대는 여전히 빈약하였고 프랑스 국민은 나폴레옹의 영광을 기억하고 있었다. 나폴레옹의 조카(동생 루이 나폴레옹의 아들)가 대통령에 당선되었고, 곧이어 다시 황제로 등극한다(프랑스 제2제정, 나폴레옹 3세).

프랑스 제2제정은 1870년까지 지속되다가 프로이센과의 전쟁에서 패배한 후 종식되고, 프랑스는 다시 공화국(제3공화국)으로 이행한다. 이후 프랑스는 제2차 세계대전 이후 제4공화국에 이어 현재 제5공화국에 이르기까지 공화제가 지속되고 있다.

프랑스 대혁명은 1789년에 발발하여 나폴레옹 시대를 거쳐 왕정이 복고된 1814년 끝났다고 할 수도 있지만, 이후 1830년 7월 혁명, 1848년 2월 혁명을 거쳐 1873년 제3공화국 수립까지 100년 가까이 장기 지속한 혁명이라고도 할 수 있다.

제4장

독일 민족국가 수립

독일은 유럽 열강들 가운데 근대 민족국가 성립에서 가장 늦었다. 독일은 중세 이래 천 년 가까이 여러 왕국 혹은 제후국들로 나뉘어 이어져 왔다. 신성로마제국은 독일의 중앙집권적 통치 조직으로는 기능하지 못하였다. 대신 오스트리아와 프로이센, 그 외에 수많은 영방(領邦)들이 분립, 병존하고 있었다. 프랑스 혁명과 나폴레옹의 정복이 독일 민족을 일깨웠다. 다른 한편 나폴레옹의 유럽 정복은 혁명과 자유를 확산시켰다. 특히 프랑스가 합병하였던 라인강 좌안(左岸) 지역에는 나폴레옹 민법전의 자유와 평등 원칙이 적용되었다. 독일인들의 앞에는 통일국가라는 민족 혁명과 특권 철폐라는 자유 혁명의 이중적 과제가 놓여 있었다. 그러나 독일의 대외적 상황은 대내적 개혁 요구를 질식시켰다. 결국 자유의 혁명은 실패하고 독일 통일 제국 성립이라는 민족의 혁명만 성공하게 된다.

이러한 독일 민족 발흥의 과정에 관련된 음악으로 학생 운동의 노래 〈우리는 당당한 집을 지었다(Wir hatten gebauet ein stattliches Haus)〉 그리고 슈만 등의 가곡 〈그들은 라인강을 가질 수 없다(Sie sollen ihn nicht haben)〉 및 독일 국가인 〈독일인들의 노래(Das Lied der Deutschen)〉를 들 수 있다.

나폴레옹의 정복으로 독일 신성로마제국은 소멸되었다. 나폴레옹 실각 이후 독일은 새로운 정치공동체를 구성해야 했다. 라인강 좌안을 포함한 여러 독일 지역들은 독일 연방(Deutscher Bund)을 구성하게 되었다. 이 독일 연방을 통해 독일인들은 자유의 헌정을 성취하고, 독일 통일 민족국가를 이룩해야 했다. 독일 민족 정치 운동의 선봉에 학생들이 있었다. 나폴레옹 대항 전쟁에 참여하였던 학생들 중심으로 예나 대학에서 '학생 조합(부르셴샤프트: Burschenshaft)'이 조직되었다. 학생 조합은 독일권 전역으로 확산되었다. 독일 해방 전투 라이프치히 승전 그리고 마르틴 루터의 종교개혁을 기념하여 1817년 독일 전역의 부르셴샤프트 학생들이 바르트부르크에 모였다(바르트부르크 축제 Wartburgfest). 이들은 독일의 통일과 자유 그리고 입헌주의를 결의하였다. 급진적 학생운동에 놀란 구체제는 학생 조직 해체를 명하고 대학은 감시받았다. 예나 대학의 부르셴샤프트는 부득이 해산 결정을 하면서 〈우리는 당당한 집을 지었다(Wir hatten gebauet ein stattliches Haus)〉라는 노래를 불렀다. 자유로운 통일 독일의 사명을 천명한 것이다.

독일 자유 혁명은 전진하지 못하였지만, 독일 민족 혁명은 가속화되었다. 독일 프로이센이 관세 폐지를 주도하였다. 독일 연방의 다른 영방들도 차츰 프로이센의 무관세 체제에 가입하여 왔다. 마침내 1834년 독일의 관세동맹(Zollverein)이 출범하였다. 국민 시인 팔러스레벤(Fallersleben)은 관세동맹이 조국을 하나로 묶고 독일인들의 마음을 하나로 만들었다고 노래하였다.[1] 독일 통합이 진행되던 1840년 라인 위기(Rheinkrise)가 발생하였다. 프랑스와 영토 분쟁이 발생한 것이다. 독일인들은 분노하고 단결하였다. 그 중심에 베커라는 청년의 〈그들은 라인강을 가질 수 없다(Sie sollen ihn nicht haben)〉라는 시가 있었다. 슈만을 비롯한 많은 이들이 그 시를 노래로 만들었다. 베커에 이어 팔러스레벤이

〈독일인들의 노래(Das Lied der Deutschen)〉라는 시를 지어 여러 영방 국가들을 초월한 독일인들의 대동단결을 노래했다.

I. 독일 민족주의 학생 운동:
〈우리는 당당한 집을 지었다(대학생 조합의 노래)〉

〈우리는 당당한 집을 지었다(Wir hatten gebauet ein stattliches Haus)〉는 독일 대학생 사회의 대표적 노래이며, 브람스의 '대학 축전 서곡(Akademische Festouvertüre)'에 삽입되어 세계적으로 널리 퍼졌다.

이 노래는 독일 통일과 자유의 염원을 담고 있다. 나폴레옹 유럽 제국이 해체된 후 독일인들은 국가 재건의 과제에 직면하였다. 민족국가 형성을 향한 구체적인 행동은 대학생들 조직인 부르셴샤프트(Burschenschaft)에서 시작되었다. 이 노래는 예나(Jena) 대학 부르셴샤프트의 노래였다.

1. 역사적 배경

나폴레옹 시대 이후 유럽의 새로운 체제(소위 '빈(Wien)' 체제)는 정통성과 복고를 원칙으로 하였다. 군주제와 신분제를 지키고자 한 것이다. 그러나 독일의 신성로마제국은 부활하지 않았고, 새로운 독일 연방(Deutscher Bund; German Confederation; 일종의 국가연합)이 구성되었다. 이는 독일 지역의 39개의 영방(분방; Gliedstaaten)들의 연합체였지만, 프로이센과 오스트리아가 지도적 위치에 있었다.

나폴레옹의 혁명은 독일에도 자유 평등의 희망을 전파하였다. 특히 프랑스가 합병한 라인강 좌안(左岸) 지역에서는 나폴레옹 법전이 적용되었다. 앞 장에서 보았듯이, 트리어 지역의 카를 마르크스 부친은 유대인의 신분적 굴레를 벗어나 변호사가 될 수 있었고, 시인 하이네는 나폴레옹과 프랑스 혁명에 열광하였다. 반면 나폴레옹의 프랑스 패권주의는 독일에 민족주의와 단결을 분발시켰다. 독일은 이렇게 자유의 헌정질서와 민족국가 형성이라는 이중적 과제를 안게 되었다. 애초에는 이 두 과제는 분리되지 않았다. 자유롭고 명예로운 독일 민족국가는 하나의 열망이었다.

이러한 열망은 대학에서 선도되었다. 대학교수들은 시민의 자유와 독일의 통합을 가르쳤고 학생들은 고양되었다. 독일 '체육의 아버지' 얀(Friedrich Ludwig Jahn)은 당시 베를린 대학 총장 피히테(Johann Gottlieb Fichte)에게 '학생 조합(Burschenschaft)'의 조직을 제안하였다. 그 청원은 수용되지 않았지만, 얀의 제안은 대학생 사회에서 큰 호응을 얻었다. 특히 예나(Jena) 대학의 학생들은 스스로 조직을 구성하였다. 이들은 대부분 1813년 나폴레옹에 대항하여 해방전쟁에 참여했던 '자유군단' 출신이었다.

부르셴샤프트 대학생들은 새로운 대학 문화를 일으켰다. 더 이상 음주, 결투, 소동으로 시간을 낭비하지 않았다. 애국심으로 충만했고, 도덕적 책임감으로 고양되었다. 예나 대학 부르셴샤프트의 모토는 '명예, 자유, 조국'이었다. 독일 전역의 대학생들은 1817년 나폴레옹을 물리친 라이프치히(Leibzig) 전투를 기념하여 바르트부르크(Wartburg)에서 학생 조합 총회를 소집하였다. 바르트부르크 성(城)은 독일 민족을 일깨웠던 루터가 기거하며 독일어로 성경을 번역하던 곳이었다.

학생들은 민족의 결속을 위해 전 독일 부르셴샤프트 결성을 결의하였다. 예나 대학생들의 상징이었던 흑-적-황을 독일 전체 대학생의 상징색으로 채택하였다. 이 흑-적-황 깃발은 후에 독일의 국기가 되어 지금까지 이어진다.[2] 또한 학생들은 루터가 교황의 교서를 불태웠듯이, 반독일적인 문서들을 불태우는 의식을 거행하였다.

학생들의 자유주의와 민족주의는 과격하게 발전해 갔다. 예나 대학 부르셴 샤프트 회원이었던 잔트(Karl Ludwig Sand)는 문필가 코제부에(August von Kotzebues)를 살해하였다. 코제부에는 독일 민족통일에 회의적이었으며 러시아 황제와 가까웠던 인물이었다. 이후 정치테러가 이어졌다. 독일 연방 빈(Wien) 체제를 주도했던 메테르니히(Klemens von Metternich)는 주요 분방국 대표들을 카를스바트(Karlsbad)에 소집하여 포고령을 발하였다. 대학을 감시하고 교수들을 해임하고 기숙사를 폐쇄하고 학문의 자유를 금지시켰다. 그리고 학생 조합 부르셴샤프트의 해체를 명하였다. 예나 대학 부르셴샤프트도 사태가 여의치 않음을 인식하고 자발적 해체를 선언하였다.

2. 독일 학생 운동 노래, 〈우리는 당당한 집을 지었다(Wir hatten gebauet ein stattliches Haus)〉

이 노래는 전래 독일 선율이었으며, 작사자는 폰 빈처(August Daniel von Binzer)로 알려져 있다. 그는 예나 대학 부르셴샤프트 회원이었으며, 바르트부르크 성 축제에도 참여하였다.

당시 예나가 있던 작센-바이마르-아이제나흐 대공국은 대학에 관용 정책을 펼치고 있었다. 카를 아우구스트(Karl August) 대공은 바르트부르크 축제를 승인하였다. 나아가 예나 대학의 학문적 위상을 위하여 그 축제에 재정 지원까지 하였다. 예나 대학 학생들을 필두로 전국의 대학생들이 모였다. 바르트부르크 축제에 모인 전체 인원은 500명이었고, 대학생들은 468명이었다. 이는 적은 숫자가 아니었다. 당시 독일 연방 전체 대학생 수는 8,718명이었다.[3]

그러나 앞서 보았듯이 부르셴샤프트 운동은 과격하게 진행되어 빈 체제의 반동을 불러왔다. 메테르니히는 '카를스바트 포고령'으로 대학 통제와 대학생

탄압에 나섰다. 예나 대학 학생들은 자신들을 후원해 주었던 카를 아우구스트 대공의 처지를 고려하며 부르셴샤프트를 자체 해체하기로 결의하였다.[4] 그 해체의 시간에 학생들은 경건하고 결연한 마음으로 이 노래를 불렀다.

이 노래는 이후 대학가에서 계속 회자되었으며, 브람스의 '대학축전 서곡(Akademische Festouvertüre)'에도 삽입되어 세계적으로 널리 알려졌다. 우리나라에서도 일찍이 '어여쁜 장미야 참 아름답다'라는 번안 동요로 많이 불렸다.

아래 노래 가사를 올린다.

〈우리는 당당한 집을 지었다(Wir hatten gebauet ein stattliches Haus)〉

작사: 아우구스트 폰 빈처(August Daniel von Binzer)

번역: 정태욱

원문 가사	한글 번역
1. Wir hatten gebauet ein stattliches Haus, und drin auf Gott vertrauet trotz Wetter, Sturm und Graus.	1. 우리는 당당한 집을 지었습니다. 그 안에서 궂은 날씨, 폭풍, 공포에도 신을 믿습니다.
2. Wir lebten so traulich, so innig, so frei, den Schlechten ward es graulich, wir lebten gar zu treu.	2. 우리는 그렇게 친하게 살아왔습니다. 그렇게 마음으로부터 그렇게 자유롭게 우리는 너무나도 신실하게 살아와서, 악인들은 괴로워했습니다.
3. Sie lugten, sie suchten nach Trug und Verrath, verleumdeten, verfluchten die junge, grüne Saat.	3. 악인들은 염탐하고 속임수와 배신을 시도하였습니다. 푸른 어린 씨앗을 헐뜯고 저주하였습니다.

원문 가사	한글 번역
4. Was Gott in uns legte,	4. 신이 우리 안에 놓으신 것을 세상은 경멸하였습
die Welt hat's veracht't,	니다.
die Einigkeit erregte	심지어 좋은 사람들도 우리의 하나 됨을 의심하였습
bei Guten selbst Verdacht.	니다.
5. Man schalt es Verbrechen,	5. 사람들은 그것을 범죄라고 비난했지만, 그들은 틀
man täuschte sich sehr;	렸습니다.
die Form kann man zerbrechen,	사람들은 모양은 깨뜨릴 수 있지만, 사랑은 결코 해
die Liebe nimmermehr.	칠 수 없습니다.
6. Das Band ist zerschnitten,	6. 흑, 적, 황 깃발은 찢겼습니다.
war schwarz, rot und gold,	그러나 신의 역사입니다. 신의 뜻을 누가 알겠습니까?
und Gott hat es gelitten,	
wer weiß, was er gewollt.	
7. Das Haus mag zerfallen.	7. 집은 무너질 수 있습니다. 그러나 무엇이 대수겠
Was hat's dann für Noth?	습니까?
der Geist lebt in uns Allen,	신은 우리 모두 안에 존재하고, 우리의 성은 바로 신
und unsre Burg ist Gott!	입니다.

3. 이후의 전개과정

독일 연방의 빈(Wien) 체제는 오래 지속될 수 없었다. 1830년 프랑스 7월 혁명은 독일인들을 다시 고무시켰다. 1832년 함바흐 축제(Hambacher Fest)에 수만명이 운집하였다. 흑-적-황의 3색기가 휘날렸다. 독일인의 자유와 민족통일에의 열망은 대학을 넘어 전체 사회로 확산되었다.

그러나 자유와 민족의 목표는 분리되기 시작하였다. 라인 위기(Rheinkrise)가 분기점이 되었다. 프랑스 수상 티에르(Adolphe Thiers)는 라인강 좌안의 무력 점령을 기획하였다. 프랑스와 독일 사이 전쟁 위기가 고조되었고, 독일인들은 프랑스의 자유에 대하여 환멸하였다. 민족주의 열망이 혁명적 자유주의를 흡수하게 되었다. 독일에서 시민혁명은 좌절되고 대신 민족혁명(통일제국 수립)은 성공하게 된다.

II. 독일 민족주의 발흥:
〈그들은 라인강을 가질 수 없다〉, 〈독일인들의 노래〉

〈그들은 라인강을 가질 수 없다(Sie sollen ihn nicht haben)〉는 니콜라우스 베커(Nikolaus Becker) 작시이며, 슈만(Robert Schumann) 등 다수의 음악가가 곡을 붙였다. 〈독일의 노래(Deutschland)〉 혹은 〈독일인들의 노래(Das Lied der Deutschen)〉는 호프만 폰 팔러스레벤(Hoffmann von Fallersleben) 작시이며, 하이든(Joseph Haydn)의 선율을 붙였다. 두 노래 모두 19세기 중반 독일 민족주의의 발흥을 상징한다.

이 노래들은 1840년 이른바 '라인 위기(Rheinkrise)'에서 탄생했다. 프랑스 정부는 중동 지역에서 외교적 실패를 맛보았으며, 유럽 정세에서 위신을 찾아보고자 시도하였다. 프랑스는 나폴레옹 전쟁 당시 합병하였던 라인강 좌안(左岸) 점령을 위협했고, 독일인들은 격앙했다. 프랑스 혁명의 자유를 동경하던 독일인들은 배신감에 빠졌다. 독일인들은 정파를 초월하여 단결하였다. 베커와 팔러스레벤의 노래들이 그 민족주의 운동의 깃발이 되었다.

1. 역사적 배경

1830년 프랑스 7월 혁명이 발발하면서 유럽은 다시 격동하였다. 벨기에에서 봉기가 일어나 독립을 선언하였고, 폴란드인들도 반란을 시도하였고, 중부 이탈리아 여러 지역에서도 소요가 일었다. 독일에서도 학생들의 부르셴샤프트 운동이 부활하였고, 혁명적 자유주의가 부상하였다. 이는 1830년 함바흐 축제(Hambacher Fest: 함바흐 성 축제)로 이어진다. 대학생 부르셴샤프트는 프랑크푸르트와 슈투트가르트 총회에서 대중운동을 적극적으로 지원하기로 결의하였다.

함바흐 축제에는 독일 전 지역에서 2~3만 명이 모였다. 노동자, 농민, 수공업자들이 함께했고, 대학생들과 지식인들이 주도하였다. 이전의 바르트부르크 축제 때와 같이 '흑-적-황' 삼색 깃발이 휘날렸다. '독일의 재생'을 모토로 삼았다. 참가자들은 입헌주의와 민주주의에 입각한 독일 통일을 결의하였다. 유럽과 독일 연방(Deutscher Bund)의 현상 유지를 추구하던 메테르니히(Metternich)는 독일 통일의 방해자로 정죄(定罪)되었다.

메테르니히는 다시 독일 연방 회의를 소집하여 각 영방들에 단속과 처벌을 요구하였다. 언론 검열을 강화하였고, 교수들을 추방하였으며, 프라이부르크(Freiburg) 대학이 폐쇄되었다. 프로이센에서는 204명의 학생들이 체포되어 39명이 사형선고를 받았다. 급진적 혁명주의자들 다수는 국외로 망명했다.

그러나 자유주의는 사회 저변으로 확산되지 못하였다. 프로이센의 프리드리히 빌헬름 4세(Friedrich Wilhelm IV)는 자유주의에 대한 통제를 자신하였고, 감옥에 있는 학생들을 모두 사면하였다.[5]

자유주의는 억제되었지만, 민족주의는 그렇지 않았다. 특히 독일의 경제적 통합은 민족 통합을 추동하였다. 라인강-다뉴브강-마인강의 운하 연결이 추진되었고, 주요 도시들 사이 철도가 개통되기 시작했다. 또한 관세동맹이 제안되었다. 독일 국민 경제학자들은 독일 내의 관세 장벽은 허물고, 국외 관세 장벽은 높여 영국과의 경쟁에서 자국 산업을 보호해야 한다고 주장하였다.

프로이센이 영역 내 관세를 모두 폐지하였다. 독일 연방의 다른 분방들은 처음에는 프로이센의 자국 이기주의라고 비난하였지만, 점차 프로이센의 무관세 체제에 가입하여 왔다. 마침내 1834년 독일의 관세동맹(Zollverein)이 출범하였다. 국민 시인 팔러스레벤은 관세동맹이 조국을 하나로 묶고 독일인들의 마음

을 하나로 만들었다고 노래하였다. 독일 연방보다도 더 큰 일을 하였다고 찬양했다.[6]

독일 통합이 가시화되고 있던 1840년 라인 위기(Rheinkrise)가 발생하였다. 근동(近東) 지역에서 오스만 제국이 약화되면서 영국과 프랑스의 제국주의적 경쟁이 촉발되었다. 프랑스는 외교에서 패배하였고 수상 티에르(Adolphe Thiers)는 독일 국경에서 보상받고자 하였다. 프랑스 혁명 시기에 합병하였던 라인강 좌안의 영토를 다시 요구한 것이다. 전쟁을 위한 국채가 발행되고 예비군 동원령이 내려졌다. 프랑스 언론은 독-불의 자연적 국경은 라인강이라는 오랜 염원을 다시 얘기했다.[7] 국내외 위기를 감당하기 어려웠던 프랑스 국왕 루이 필립은 수상 티에르를 교체하였고, 사태는 일단락되었다.

그러나 라인 위기는 독일에 민족적 트라우마를 안겼다. 1840년 10월부터 1841년 중반까지 독일은 온 민족이 정파를 초월하여 단결하였다. 그 중심에 베커라는 청년의 시, 〈그들은 라인강을 가질 수 없다(Sie sollen ihn nicht haben)〉가 있었다. 역사적 순간, 적확한 언어였으며 곧 모든 독일인들의 언어가 되었다.[8] 베커는 프로이센 등 독일 군주들의 전폭적 지지도 받았다. 또한 슈만을 비롯한 여러 작곡가들이 앞다투어 곡을 붙였다.

베커에 이어 독일의 국민 시인 팔러스레벤이 〈독일인들의 노래(Das Lied der Deutschen)〉를 지었다. 여러 영방 국가들을 초월한 독일 민족의 나라를 최고의 가치로 둘 것을 호소하고, 독일인들의 명예감과 민족정서를 고취하였다. 팔러스레벤은 이 시를 이전 오스트리아 합스부르크 황제 찬가의 곡조에 붙였다. 황제 시대의 노래를 국민 시대의 노래로 재설정한 것이다.

독일의 민족주의는 프랑스의 '로망주의(Romanism)', 러시아의 슬라브주의(Slavism)를 향해 폭발했다. 민족주의자들은 견해 차이를 넘어서 공동의 적에 대한 적개

심으로 단결하였다. 이렇게 독일에서 세계주의적 자유주의는 배타적 민족주의
에 밀려나게 된다.[9]

2. 독일 민족주의 노래들

(1) 〈그들은 라인강을 가질 수 없다(Sie sollen ihn nicht haben)〉

이미 보았듯이 이 노래는 1840년 라인 위기 시 독일 민족주의의 산물이다.
아헨 근처 가일렌키르헨(Geilenkirchen) 법원 서기보였던 베커는 프랑스의 위협에
맞서 민족 청년의 마음으로 라인강에 대한 애국의 시를 썼다. 1840년 9월 18일
자 트리어 신문에 발표하였다. 10월에는 쾰른 신문에도 게재되었으며, 살롱에
서도 거리에서도 널리 회자되기 시작했다.[10] 독일 전역에서 베커의 시가 낭송되
었고, 군주들의 성원도 잇달았다. 프로이센 국왕은 장학금을 제공하였고, 바이
에른 국왕은 트로피를 선사했다.

여러 음악가들이 작곡에 나섰다. 콘라딘 크로이처(Conradin Kreutzer)가 최초로
곡을 붙였고, 슈만(Schumann)도 곡을 붙였다. 그해 12월 라이프치히에서는 대표
곡을 정하기 위한 선정대회도 열렸다. 슈만도 그에 응모하였다.[11] 대표 선율을
정하는 데에는 이르지 못했지만, 그러한 노래들은 독일 민족주의의 '라 마르세
예즈'가 되었다.[12]

아래 노래 가사를 올린다.

⟨그들은 라인강을 가질 수 없다(Sie sollen ihn nicht haben)⟩[*]

작사: 니콜라우스 베커(Nikolaus Becker)

번역: 정태욱

원문 가사	한글 번역
Sie sollen ihn nicht haben,	그들은 그것을 가질 수 없다
Den freien deutschen Rhein,	자유로운 독일의 라인강
Ob sie wie gier'ge Raben	
Sich heiser danach schrein.	
	까마귀의 탐욕으로 목이 쉴 때까지 아무리 소리를
	지른다고 해도.
So lang er ruhig wallend	
Sein grünes Kleid noch trägt,	
So lang ein Ruder schallend	라인강이 푸른 옷을 입고 고요히 흐르는 한
In seine Wogen schlägt!	라인강에 노 젓는 소리가 파도 속에 퍼지는 한
Sie sollen ihn nicht haben,	그들은 그것을 가질 수 없다.
Den freien deutschen Rhein,	자유로운 독일의 라인강
So lang sich Herzen laben	심장들이 축제의 와인으로 생동하는 한
An seinem Feuerwein.	물결 속에 바위가 굳건히 서 있는 한
So lang in seinem Strome	높은 성당이 강물에 모습을 비추는 한
Noch fest die Felsen stehn,	
So lang sich hohe Dome	
In seinem Spiegel sehn.	
Sie sollen ihn nicht haben,	그들은 그것을 가질 수 없다.
Den freien deutschen Rhein,	자유로운 독일의 라인강
So lang dort kühne Knaben	씩씩한 청년들이 아름다운 처녀들에 구애하고 있는 한
Um schlanke Dirnen frei'n,	물고기들이 지느러미로 강바닥을 두드리고 있는 한
So lang die Flosse hebet	모든 가수들의 입에서 노래(리트)가 울려 퍼지는 한

---

[*]   노래 가사는 LiederNet 아카이브 사이트에서 가져왔다. https://www.lieder.net/lieder/get_text.
html?TextId=22991

원문 가사	한글 번역
Ein Fisch auf seinem Grund, So lang ein Lied noch lebet In seiner Sänger Mund.	
Sie sollen ihn nicht haben, Den freien deutschen Rhein,	그들은 그것을 가질 수 없다. 자유로운 독일의 라인강
Bis seine Fluth begraben Des letzten Mann's Gebein.	최후의 한 사람의 유골마저 그 강물에 잠길 때까지는.

(2) 〈독일인들의 노래(Das Lied der Deutschen)〉

이 노래 역시 1840~1841년 라인 위기 시 독일 민족주의의 산물이며 노래의 제3절은 현재 독일의 국가(國歌)이기도 하다. 간단히 〈독일의 노래(Deutschlandlied)〉라고도 한다.

팔러스레벤은 일찍이 프랑스 혁명 자유의 정신에 감화되었고, 독일 민족 갱생을 노래하는 자유와 우국(憂國)의 시인이었다.[13] 라인 위기가 한창이던 1841년 팔러스레벤은 〈독일인들의 노래〉를 지었고, 하이네 등에 의하여 즉시 발표되었다. "독일, 세상 무엇보다도 우선하는 독일"로 시작하는 이 노래는 독일 여러 영방 국가들의 이해관계를 떠나 독일 통일 민족국가의 당위성을 말하고 있다.

그 원곡조는 〈신이여 프란츠 황제를 지켜 주소서(Gott erhalte Franz den Kaiser)〉라는 노래이며, 하이든 작곡, 로렌츠 하슈카(Lorenz Haschka) 작시이다. 기존 노래가 오스트리아 합스부르크 황제를 찬양하고 축복하는 노래라면, 팔러스레벤의 노래는 독일 민족을 찬양하고 독일 인민들의 애국심에 호소하는 노래이다. 이러한 변경은 황제의 시대에서 국민의 시대로의 이행을 의미한다고 할 것이다.

이 노래는 1871년 독일 통일 제국 시대부터 널리 불렸고 1922년 독일 바이

마르 공화국에서 공식 국가로 채택되었다. 나치 패망 이후 1952년에 서독에서 노래의 제3절만 다시 국가로 지정되었다. 1990년 동서독 통일 이후 1990년 역시 제3절만 전체 독일의 국가로 재확인되었다. 제1절과 제2절의 가사가 독일 민족 우월주의로 오해될 수 있음에 주의한 것이라고 생각된다.[14]

아래 노래 전체 가사를 올린다.

〈독일인들의 노래(Das Lied der Deutschen)〉[*15]
작사: 호프만 폰 팔러스레벤(Hoffmann von Fallersleben)
번역: 정태욱

원문 가사	한글 번역
Deutschland, Deutschland über alles,	독일, 독일, 세상 그 무엇보다 그 무엇보다 우선하는,
Über alles in der Welt,	보호와 방어를 위해 항상 형제애로써 함께할 때,
Wenn es stets zu Schutz und Trutze	서쪽의 마아스(Maas)강으로부터 동쪽의 메멜강
Brüderlich zusammenhält,	(Memel)까지
Von der Maas bis an die Memel,	남쪽의 에취(Etsch)강으로부터 북쪽의 벨트(Belt)해
Von der Etsch bis an den Belt –	협까지
Deutschland, Deutschland über alles,	독일, 독일, 세상 그 무엇보다 그 무엇보다 우선하는!
Über alles in der Welt!	
Deutsche Frauen, deutsche Treue,	독일 여인들, 독일의 신의(信義)
Deutscher Wein und deutscher Sang	독일의 와인, 독일의 노래
Sollen in der Welt behalten	세상에서 그 오랜 아름다운 울림 유구할지어다.
Ihren alten schönen Klang,	우리로 하여금 온 생애 동안 고귀한 행동으로 고양
Uns zu edler Tat begeistern	시켜 줄지어다.
Unser ganzes Leben lang –	독일 여인들, 독일의 신의(信義)
Deutsche Frauen, deutsche Treue,	독일의 와인, 독일의 노래!
Deutscher Wein und deutscher Sang!	

---

* 노래 가사는 독일 위키백과에서 가져왔다. https://de.wikipedia.org/wiki/Das_Lied_der_Deutschen

원문 가사	한글 번역
Einigkeit und Recht und Freiheit	통일, 올바름(Recht; 보통은 정의라고 번역함), 자유
Für das deutsche Vaterland!	독일 조국을 위해!
Danach lasst uns alle streben	우리 모두 형제애로써 온몸과 마음으로 노력하자!
Brüderlich mit Herz und Hand!	통일, 정의, 자유는
Einigkeit und Recht und Freiheit	행복의 증표(證票)
Sind des Glückes Unterpfand[4] -	행복의 빛 속에서 꽃피어라,
Blüh im Glanze dieses Glückes,	조국 독일이여 꽃피어라.
Blühe, deutsches Vaterland!	

3. 이후의 전개과정

1848년 프랑스 2월 혁명 이후 독일에는 다시 자유와 민주의 혁명(1849년 3월 혁명)
이 진행됐다. 프랑크푸르트 파울 교회에 국민 의회(Frankfurter Nationalversammlung)
가 소집되었고, 독일 연방을 대체하는 통일 민족국가의 헌법이 마련되었다(프랑
크푸르트 헌법; Frankfurter Reichsverfassung, 혹은 파울 교회 헌법 Paulskirchenverfassung). 그러나
이러한 국민 의회의 노력만으로 프로이센과 오스트리아의 결합은 성사되지 못
하였다. 결국 3월 혁명도 실패로 돌아갔고, 이로써 자유주의와 민족주의의 결
합의 기획도 끝났다.

그러나 독일 통일과 민족주의에 대한 열망은 더욱 커졌고, 특히 이탈리아의
통일국가의 성취는 독일인들에게 큰 자극이 되었다. 프로이센과 오스트리아는
독일 통일의 주체로서 치열한 각축을 벌였다. 프로이센은 독일 민족주의를 우
선시했고, 오스트리아는 합스부르크 왕조의 전 영역(보헤미아, 헝가리 등 다른 민족
도 포괄하는)의 범중부유럽 통합국가를 지향했다. 프로이센의 재상 비스마르크는
독일의 문제는 '철(鐵)과 혈(血)'로써만 해결될 수 있다고 선언하였다. 경제력과
군사력에서 우위를 점한 프로이센은 오스트리아와 대결에서 승리하였다.

이제 이전의 느슨한 연합체인 독일 연방(Deutscher Bund)은 사라졌고, 통일국

가로서의 북독일연방(Norddeutscher Bund: 프로이센 주도, 오스트리아 배제)이 탄생하였다. 통일 독일을 견제하기 위해 프랑스가 개입했다. 프랑스는 오스트리아와의 전쟁에서 중립을 선언한 대가로 라인강 좌안 지대를 요구하였다. 프로이센은 프랑스와의 전쟁을 피하지 않았고, 전격적인 기동으로 세당(Sedan) 전투에서 프랑스 황제 나폴레옹 3세를 포로로 잡고 파리까지 진격 점령하였다.

독일은 파리의 베르사유 궁전에서 '제2제국'을 선포하였다. '신성로마제국'을 계승하는 정통성을 과시한 것이다. 독일 제2제국의 탄생은 독일 민족의 영광이었으나 그 민족주의의 승리는 러시아의 슬라브 민족주의와 프랑스의 로망주의와 충돌하게 되었고, 향후 제1차 제2차 세계대전의 원인이 된다.

제5장

러시아 제정의 종말과 러시아 혁명

나폴레옹 전쟁 승리의 주역인 러시아는 유럽 최강의 반열에 올랐다. 19세기 러시아는 영국과 세계 패권을 두고 경쟁하였다. 크림 전쟁 등에서의 패배로 유럽 진출이 막히면서 러시아의 동진은 가속화되었다. 러시아는 마침내 연해주까지 획득하여 한반도와도 국경을 맞대게 되었다. 또한 알렉산드르 2세는 러시아의 입헌적 개혁을 의욕적으로 추진하였지만, 불행히도 암살되고 말았다. 이후 러시아는 대외적으로 무분별한 팽창과 대내적으로 무책임한 통치 실패로 붕괴되어 갔다. 1905년 러시아는 러일전쟁에서 패배하고, '피의 일요일' 학살 사건으로 일차 혁명이 발발하였다. 러시아 차르 체제는 입헌군주제로 이행하였다. 그러나 1917년 다시 제1차 세계대전에서 패배의 수렁에 빠졌고, 결국 러시아 군주제는 종식되었다. 그리고 레닌의 소비에트 혁명이 발발하게 된다.

이 장에서는 이와 같은 러시아 근대 헌정사에 관련된 음악으로 〈만주의 언덕에서(On the Hills of Manchuria)〉 그리고 〈인터내셔널가(歌)(L'Internationale)〉를 알아본다.

〈만주의 언덕에서(On the Hills of Manchuria)〉는 러일전쟁의 상흔(傷痕)이 담긴 노래이다. 러시아의 동방진출이 가속화되고 중국 청나라가 약화되면서 만주와 한반도를 둘러싸고 러시아와 일본의 패권 경쟁이 치열해졌다. 결국 러일전쟁이 발발하였다. 러시아 모험주의자들과 차르는 일본의 위협을 대수롭게 생각하지 않았으나, 러시아는 육상 만주에서도 패배하고 해상에서는 발틱함대가 대한해협에서 전멸하였다. 러일전쟁의 패배는 취약한 러시아 제정(帝政)을 더욱 위태롭게 만들었다. 〈만주의 언덕에서(On the Hills of Manchuria)〉는 러일전쟁 만주에서의 결정적 전투였던 '봉천(奉天) 전투'에서 희생된 영령들을 위로하며 러시아인들의 애국심을 고취하는 노래이다.

〈인터내셔널가(歌)(L'Internationale)〉는 러시아 소비에트 혁명기에도 널리 불렸으며, 구소련의 국가가 된다. 러시아 소비에트 혁명의 연원은 알렉산드르 2세 개혁 실패로 소급된다. 영명한 군주 알렉산드르 2세가 암살되고, 그를 이은 알렉산드르 3세와 니콜라이 2세는 제국을 몰락으로 이끌었다. 이들은 차르(황제)의 신성한 권위에 집착하였지만, '아버지 차르'로서의 책무에는 소홀하였다. 농촌공동체 미르(Mir)는 주기적으로 식구 수에 따라 경작지를 재조정하였고, 농촌 인구는 증가하였다. 농촌의 삶은 원시적이며 비참하였고, 많은 이들이 도시로 이주하였다. 도시 인구는 급격하게 증가하였고, 노동자들은 열악한 노동조건과 저임금에 고통받았다. 1905년 노동자들은 차르의 초상화를 들고 '아버지 차르'의 자비에 호소하기 위하여 상트페테르부르크 궁전으로 향하였다. 그러나 차르는 궁전에 없었고, 수비대는 무자비한 학살로 대응하였다. 차르에 대한 환상이 깨지고 절망과 분노가 제국을 덮었다. 러시아 헌정은 입헌군주제 그리고 공화제 임시정부의 위기와 제1차 세계대전의 패전의 수렁에 빠지면서 결국 좌초한다.

I. 러일전쟁:
〈만주의 언덕에서〉〈러일전쟁 희생자에 대한 진혼곡〉

〈만주의 언덕에서(On the Hills of Manchuria)〉는 1906년 러일전쟁 현장에 있던 군악대장 일리야 샤트로프(Ilya Shatrov)가 작곡하였다. 샤트로프는 당시 봉천 지역에 주둔하던 러시아 목샨스키 보병 연대(Mokshansky Regiment) 소속이었다.

러시아 제국은 내부 개혁은 지체되었으나 외부 식민 확장은 계속되었다. 이는 세계 제국 영국과 충돌 '그레이트 게임(Great Game)'을 야기하였다. 러시아 마지막 황제 니콜라이 2세는 동아시아에서 공격적인 확장정책을 펼쳤다. 만주에 이어 한반도까지 진출하였고 일본과 충돌하였다. 일본은 영국과 동맹을 맺은 후 전쟁을 선포했다. 러시아는 굴욕적인 패배를 당하고 이후 러시아 차르 전제정은 종말을 고한다.

1. 역사적 배경

나폴레옹 전쟁 승리의 주역인 러시아는 제국으로서의 팽창을 계속하였다. 서쪽과 남쪽에서는 세계 제국 영국의 견제에 부딪혔으나, 동쪽으로 시베리아를 넘어 영토를 계속 확장해 갔다. 마침 중국 청나라가 쇠퇴하면서 러시아는 헤이룽강(黑龍江: 아무르강) 위쪽 그리고 태평양 연안 연해주까지 획득하였다. 러시아는 두만강 하구에서 한반도와도 접경 국가가 되었다. 연해주 끝 도시 블라디보스토크(Vladivostok)는 '동방의 지배'라는 뜻이다.[1] 러시아 민족주의적 야심이 드러난다. 러시아의 팽창은 영국의 대응과 일본과의 충돌, 즉 러일전쟁으로 이어지게 될 것이었다.

일본도 메이지 유신(明治維新) 이후 한반도와 만주 및 시베리아 진출을 꿈꾸었다. 서양에 당한 굴욕을 아시아 제국 형성으로 만회하고자 했다. 일본은 청나라와 전쟁을 통하여 조선에 대한 우위권은 물론이고 랴오둥반도(遼東半島; 요동반도)까지 할양받기로 하였다(시모노세키 조약). 이에 대하여 러시아는 청나라 보호의 명목으로 3국 간섭(러시아, 독일, 프랑스)을 주도하여 일본으로 하여금 요동반도를 반납하게 하였다.

일본이 3국 간섭에 굴복하자 조선 정부는 러시아에 의존하고자 하였고, 일본은 민비(명성황후)에 대한 야만적 시해로써 대응하였다. 러시아는 고종을 러시아 공사관으로 도피시킨 '아관파천(俄館播遷)'으로 맞대응하였다. 러시아와 일본은 타협을 시도하였다. 한반도 분할론도 논의되었지만, 한반도 공동 지배론으로 봉합되었다.

러시아 극동 정책은 무지한 모험주의자들이 좌우하였다. 러시아는 동방진출을 가속화하였다. 서양에 침탈당하는 청나라를 보호한다는 명목으로 만주 하얼빈과 요동반도를 잇는 동청 철도(Eastern Qing Railway; 東淸鐵路) 부설권과 뤼순(旅順; 여순)과 다롄(大連; 대련)의 조차권도 획득하였다. 일본은 경악했다. 청일전쟁으로 얻은 요동반도를 3국 간섭으로 반납하게 하더니 그것을 결국 러시아가 가져간 셈이었던 것이다. 일본에서 항전 여론이 일었다. 러시아는 일본의 위협을 대수롭지 않게 생각했다.

러시아의 마지막 황제 니콜라이 2세(Nikolai Ⅱ)는 신앙심 깊고 진지했지만, 판단력과 경륜은 결여된 사람이었다. 후에 황후 알렉산드라 그리고 황제까지 라스푸틴이라는 사이비 교주에 의존하여 국사를 망친 일은 유명한 일화이다. 황제는 전쟁을 극동정책을 신중한 관료가 아니라 무모한 모험주의자들의 손에 맡겨 놓았고, 이는 결국 전쟁을 불러올 것이었다.

당시 중국 청나라는 의화단 난(義和團運動; Boxer Rebellion)에 편승하여 서구 열강들을 몰아내고자 하였다. 열강들은 군대를 파병하였고, 중국 지배의 호기로 삼았다. 러시아는 만주를 지배하려 들었고, 일본도 가장 많은 군대를 파병하여 진압 작전의 선두에 섰다. 러시아와 일본이 맞서는 형국이 되었다. 일본은 러시아의 만주 철군을 요구하였다. 그러나 러시아는 철군을 미루었고, 나아가 한반도 압록강까지 욕심냈다. 일본은 영국과 동맹 조약을 체결한 후 여순 항구에 대한 공격을 감행했다. 러일전쟁이 발발한 것이다.

일본은 여순항 전투에 이어 펑톈(奉天: 봉천, 지금의 심양 瀋陽) 전투에서 승리하여 남만주를 장악했다. 그리고 바다에서는 대한해협에서 러시아의 발틱함대를 전멸시켰다. 만주에서의 전투는 치열했다. 여순항 전투에서 일본군 사상자는 5만 8천 명이었고, 러시아군 사상자는 3만 1천 명이었다. 봉천 전투에서 일본군 사상자는 7만 명, 러시아군 사상자는 8만 5천 명으로 추정된다.[2] 봉천 전투 현장에 있던 러시아 군악대장 일리야 샤트로프(Ilya Shatrov)는 전장의 회상을 담아 〈만주의 언덕에서〉를 작곡하였다.

일본은 총력을 동원한 상태였고 더 이상 전쟁을 확대할 수 없었다. 러시아 또한 국내에서 1905년 혁명이 발발하는 등 전쟁을 지속할 수 없었다. 결국 일본은 미국에 중재를 요청하였고, 시어도어 루스벨트(Theodore Roosevelt) 대통령은 포츠머스(Portsmouth) 강화회담을 주재하였다. 일본은 배상금을 받지는 못하였지만, 한국을 보호국(을사늑약)으로 만들고 만주의 여순 조차권 및 만주철도에 대한 권리를 확보했다.

2. 〈만주의 언덕에서(On the Hills of Manchuria)〉

이 노래는 1906년 러일전쟁에 참전한 군악대장 일리야 샤트로프(Ilya Shatrov)가 작곡하였다. 샤트로프는 당시 봉천 지역에 주둔하던 러시아 목샨스키 보병연대(Mokshansky Regiment) 소속이었다.

봉천 전투에서 일본에 포위당한 러시아 연대는 백병전을 감행하였고, 군악대는 현장에서 돌격하는 병사들을 독려하였다고 한다. 결국 4,000명의 부대원들 가운데 700명만 살아남을 수 있었다고 한다. 군악대원 생존자도 7명에 불과했다고 한다.[3]

러일전쟁이 종결된 후 샤트로프는 희생된 동료들을 생각하며 이 왈츠를 작곡하였다. 원래 제목은 "만주 언덕의 목샨스키 대대(The Mokshansky Regiment on the Hills of Manchuria)"이다. 처음에는 기악곡으로 만들어졌으나 곧 러시아 시인 스키탈레츠(Stepan Skitalets)가 가사를 붙였다. 이후 여러 다른 버전의 가사가 붙여지게 되었다.

〈만주의 언덕에서(On the Hills of Manchuria, 러시아 키릴어; **На сопках Маньчжурии**, 로마자 표기; Na sopkah Manchzhurii)〉[*]
작사: 스테판 스키탈레츠(Stepan Skitalets)
번역: 정태욱(영어에 기초한 번역)

---

[*] 노래의 원어 가사와 영어 번역은 영어 위키백과에서 가져왔다. https://en.wikipedia.org/wiki/On_the_Hills_of_Manchuria#cite_note-3

러시아어 원가사	영어 번역	한글 번역
Тихо вокруг, сопки покрыты мглой,	Around us, it is calm; Hills are covered by mist,	사방이 조용하다. 언덕들은 안개가 자욱하고,
Вот из-за туч блеснула луна,	Suddenly, the moon shines through the clouds,	홀연히 달빛은 구름 사이에 빛나지만,
Могилы хранят покой.	Graves hold their calm.	
Белеют кресты - это герои спят.	The white glow of the crosses - heroes are asleep.	무덤들은 고요할 뿐.
Прошлого тени кружат давно,	The shadows of the past circle around,	십자가들이 달빛에 반짝인다… 영웅들이 누워 있다.
О жертвах боёв твердят.	Recalling the victims of battles.	과거의 그림자가 돌고 돌며 전투의 희생자들을 상기시킨다.
Плачет, плачет мать родная,		
Плачет молодая жена,	Dear mother is shedding tears,	사랑하는 어머니 눈물을 흘리고,
Плачут все, как один человек,	The young wife is weeping,	젊은 아내는 흐느끼고
Злой рок и судьбу кляня!	All like one are crying,	모두 같이 한 사람처럼 울고 있다.
	Cursing fate, cursing destiny!	사악한 숙명, 저주받은 섭리여!
Тихо вокруг, ветер туман унёс,		
На сопках маньчжурских воины спят	Around us, it's calm; The wind blew the fog away,	사방이 조용하다. 바람이 안개를 밀어내고,
И русских не слышат слёз.	Warriors are asleep on the hills of Manchuria	용사들은 만주의 언덕에 잠들어 있다.
Пусть гаолян вам навевает сны,	And they cannot hear the Russian tears.	그들은 러시아가 흘리는 눈물을 듣지 못한다.
Спите герои русской земли,		
Отчизны родной сыны.		수수밭을 스치는 바람 소리 자장가 삼으소서
Плачет, плачет мать родная,	Let sorghum's rustling lull you to sleep,	안식 속에 잠드소서. 러시아 대지의 영웅들이여
Плачет молодая жена,	Sleep in peace, heroes of the Russian land,	조국의 사랑하는 아들들이여
Плачут все, как один человек,	Dear sons of the Fatherland.	
Злой рок и судьбу кляня!		

러시아어 원가사	영어 번역	한글 번역
Вы пали за Русь, погибли вы за Отчизну, Поверьте, мы за вас отомстим И справим кровавую тризну!	Dear mother is shedding tears, The young wife is weeping, All like one are crying, Cursing fate, cursing destiny!	사랑하는 어머니는 눈물을 흘리고 젊은 아내는 흐느끼고 모두 같이 한 사람처럼 울고 있다. 저주받은 숙명, 저주받은 섭리여!
	You fell for Russia, perished for Fatherland, Believe us, we shall avenge you And celebrate a bloody wake!	그대들 러시아를 위해 쓰러지고, 러시아를 위해 사라져 갔다. 우리를 믿으라… 우리가 그대들을 위해 복수하리라. 마침내 그대들 피 흘리며 일어나는 날 축복하리라.

3. 이후의 전개과정

20세기 러시아 니콜라이 2세 차르 체제는 한계에 봉착하고 있었다. 사회의 모든 계층들은 절망을 호소하였으며, 지식인들은 비상한 각오를 다졌다. 러일전쟁의 패배는 도화선에 불을 붙인 격이었다.

1905년 1월 가퐁(Georgy Gapon) 신부의 인도로 노동자들이 '차르의 초상화'를 들고 정부에 청원 행진을 하였다. 이들은 원래 혁명과는 거리가 먼 '충성스러운' 신민들이었다. 그러나 무장 경찰은 발포로 대응하였고, 공식 발표로 130명이 사망하고 수백 명이 부상당하였다.[4] 이 사건('피의 일요일')은 러시아 민중의 차르에 대한 환상을 결정적으로 깨뜨렸다.

학생과 노동자들의 파업과 소요가 전국을 휩쓸었다. 10월에 전국 총파업이 조직되었다. 니콜라이 2세는 기본법을 승인하고 두마(의회)를 소집했다. 러시아는 입헌군주제라는 새로운 시대를 맞이할 것으로 기대되었다. 그러나 러시아 입헌군주제는 성공하지 못하고 군주제의 폐지 그리고 이어서 소비에트 혁명의 길로 나아갔다.

Ⅱ. 러시아 소비에트 혁명:
〈인터내셔널가(歌)〉

인터내셔널가(L'Internationale)는 원래 프랑스 사회주의 노동자들의 노래였다. 국제 사회주의 조직인 '제1인터내셔설'의 단가(團歌)로 세계적으로 널리 퍼졌으며 러시아 소비에트 혁명 이후 구소련의 공식 국가가 되었다. 러시아 소비에트 혁명을 이끈 레닌도 이 노래를 좋아했으며, 평소에도 즐겨 불렀다고 한다.

러시아 로마노프 왕조가 끝나고 러시아 임시정부는 자유와 민주의 새로운 러시아를 지향했으나 제1차 세계대전 독일과의 전쟁 등 국가적 위기를 수습하지 못하였다. 결국 레닌의 볼셰비키는 노동자와 병사들의 대표기구인 소비에트를 이끌며 공산주의 혁명을 성공시켰다.

1. 역사적 배경

로마노프 왕조의 마지막 출구였던 러시아의 입헌군주제는 옳게 작동하지 못하였다. 니콜라이 2세는 전제군주의 권위와 신성함을 포기하지 않았다. 정부와 배치되는 의회(두마)를 거푸 해산하고, 선거법을 개정하여 기득권 계층의 두마를 만들었다. 다만, 수상 스톨리핀은 결연한 의지로 개혁을 시도하였으나, 1911년 수구 세력에 의하여 암살되었다. 러시아 국정은 표류하였고, 마지막 희망은 좌절로 바뀌었다.

1914년 제1차 세계대전이 발발하고 러시아는 독일과 가망 없는 전쟁에 돌입하였다. 개전 불과 5개월 만에 40만 명의 러시아군이 목숨을 잃고 100만 명이 부상을 당했다. 군수품, 군복, 식량마저 동이 났다. 1915년 중반 러시아 신병의 4분의 1은 무기도 없이 전선에 투입되었다. 후방의 전시경제도 비상이었다. 인플레이션과 물자 부족으로 고통을 받았다. 페트로그라드(원래 이름은 상트페테르부르크, 독일과의 전쟁으로 독일식 이름을 버리고 페트로그라드라고 불렀음)의 노동자들은 식품을 사기 위해 1주일에 평균 40시간 줄을 서야 했다.[5]

니콜라이 2세는 경건하지만 무지몽매했다. 전시 정책으로 금주령을 내렸다. 애국심을 고양하고 일의 능률을 높인다는 것이었다. 그러나 오히려 세수 감소로 정부 예산만 감소되었다. 또한 니콜라이 2세는 신성한 차르의 현현(顯現)이 병사들의 사기를 고양시킬 것으로 믿고 전선으로 출발하였다. 그렇게 황제가 궁전을 비운 사이, 이제 러시아 정부의 리더십은 공동화되었다. 러시아가 '독일 여성' 황후와 '음탕한' 라스푸틴의 손아귀에 들어간 것으로 인식되었다. 황후를 사로잡은 라스푸틴은 장관들을 마음대로 경질하며 자신의 하수인들로 채워 갔다. 분개한 한 귀족이 라스푸틴을 암살하였고, 왕실을 전복하는 쿠데타도 기획되었다. 그러나 그보다 빨리 혁명이 일어났다.[6]

식량, 석탄 등 생필품의 부족으로 신음하던 수도 페트로그라드 노동자들이 빵과 석탄을 외치며 거리로 뛰쳐나왔다. 시위는 걷잡을 수 없이 확산되었고, '황후 타도', '황제 타도'의 구호가 울려 퍼졌다. 진압 부대조차 시위대에 동조하였다. 러시아 제정은 종말을 맞이하였다('1917년 2월 혁명'). 의회는 정부 내각을 해산하고 임시정부를 구성하였다. 그리고 황제에게 퇴위를 요구하였다. 니콜라이 2세는 다른 선택의 여지가 없었다. 러시아 군주제는 종식되었다.

케렌스키가 지도하는 임시정부는 입헌주의와 민주주의를 위해 헌신했다. 그러나 임시정부는 전쟁을 지속하였다. '전제국가' 독일에 맞서 영국, 프랑스와 함께 민주주의 가치를 수호해야 한다고 생각했다. 군주제가 종식되고 공화제가 되었으니 이제 러시아 병사들이 조국을 위해 싸울 것으로 믿었다. 그러나 러시아 병사들의 희생은 감당할 수 없는 것이었으며, 러시아 사회는 무너지고 있었다. 임시정부는 국가 붕괴를 막는 근본적 결단을 내리지 못하고, '이상적인' 제헌의회 소집을 기다리고 있었다.

그사이 노동자와 병사들의 소비에트(Soviet; 자치대표기구)는 작업장과 군대에서 지지 기반을 넓혀 가고 있었다. 레닌의 볼셰비키는 이들과 함께하였다. 당시 러시아는 농민 인구가 대부분이었지만, 모스크바와 페트로그라드와 같은 대도시에는 노동자들이 밀집해 있었다. 노동자들의 문자해독률은 높았으며 혁명의 시대임을 자각하고 있었다.

민중들의 시위와 도전 속에 임시정부는 질서 유지에 부심하였고, 총사령관 쿠르닐로프는 민중들의 소비에트 제거를 위해 군대를 수도로 이동시켰다. 임시정부 수반 케렌스키는 이를 쿠데타 시도로 간주하고 쿠르닐로프를 해임 체포하였다. 쿠르닐로프 사건은 임시정부를 더욱 취약한 상태에 빠뜨렸다. 우익 세력은 케렌스키 임시정부에 등을 돌렸고, 좌익 볼셰비키는 마침내 거사의 때가 왔음을 직감했다.

레닌은 이미 즉각적인 종전, 모든 토지의 국유화와 농민에게 분배, 모든 산업 공장을 노동자평의회에 귀속시킬 것 등 혁명 강령을 선언한 바 있었다. 임시정부는 국가 붕괴의 목전에서 계속 머뭇거리고 있었다. 모스크바와 페트로그라드 소비에트에서 다수를 점한 볼셰비키는 마침내 '모든 권력은 소비에트로'라며 봉기를 명하였다. 볼셰비키 적위대가 정부와 경찰서는 물론 주요 다리, 도로, 우편, 국립은행, 발전소 등을 점거하였다. 소비에트의 권력 장악은 여러 도시 그리고 농촌으로 확산되었다. 레닌은 볼셰비키 혁명의 승리를 선언하였다 (1917년 '10월 혁명').

2. 〈인터내셔널가(歌)(L'Internationale)〉

이 노래는 1871년 프랑스 파리 코뮌(Paris Commune; 프랑스-프로이센 전쟁 패배 후 잠시 존속했던 파리의 민중 자치 정부)에 참여했던 외젠 포티에(Eugène Pottier)가 작시하였다. 세계 노동자 연합(이른바 '제1인터내셔설, The First International; 1864년 런던에서 창립된 세계 사회주의 연합체)을 위해 지어진 시였다. 1888년 피에르 드 게테(Pierre De Geyter)가 곡을 붙였다. 이 노래는 프랑스 사회주의 진영을 시작으로 세계적으로 퍼져나갔으며, 수많은 나라들의 언어로 번역 또는 번안되었다. 러시아 혁명 당시에도 혁명의 노래로 널리 불렸으며, 레닌도 즐겨 불렀다. 그리고 마침내 구소련(소비에트 러시아)의 공식 국가가 되었다.

러시아 혁명의 지도자 레닌도 평생 음악을 좋아했으며, 노래를 즐겨 불렀다. 레닌의 부친은 헌신적인 장학사였으며, 레닌의 모친도 교사 출신으로 교양 있고 의연한 여성이었다. 모친은 아이들 유년 시절 음악과 문학을 가르쳤으며, 피아노를 잘 쳤다. 모친이 연주하던 400편 이상의 악보가 남아 있으며, 베르디의 라 트라비아타, 리스트의 헝가리 광시곡, 생상스의 죽음의 무도 등의 피아노 편곡이 포함되어 있다.[7]

레닌은 18~19세기 오페라, 가곡, 관현악 등 여러 음악의 애호가였으며, 피아노곡으로는 베토벤 소나타 비창, 열정, 또 쇼팽의 피아노곡 등을 좋아했다. 민요와 혁명 가곡도 좋아했으며 동지들과 함께 즐겨 불렀다.[8] '인터내셔널가'는 물론이고 프랑스 혁명가 '라 마르세예즈', 그리고 '1905년 바르샤바 혁명가' 등을 즐겨 불렀다고 한다.[9]

레닌은 혁명 후 노동자 농민들이 훌륭한 예술을 접할 수 있어야 한다며, 그를 위한 광범위한 대중 교육의 필요성을 강조했다. 1918년 페트로그라드와 모스크바의 음악원(Conservatory)들을 인민 교육위원회 소속으로 이전시켰다. 1919년 어려운 시기에도 극장 상연의 중요성을 강조하고 카르멘, 라 트라비아타, 예프게니 오네긴 등 소위 '부르주아' 작품들을 포함시켰다.[10]

아래 원래 노래 프랑스어 가사를 올린다.

⟨인터내셔널가(歌)(L'Internationale)⟩[*]

작사: 외젠 포티에(Eugène Pottier)

번역: 정태욱

원문 가사	한글 번역
Couplet 1: Debout ! les damnés de la terre ! Debout ! les forçats de la faim ! La raison tonne en son cratère, C'est l'éruption de la fin. Du passé faisons table rase, Foule esclave, debout ! debout ! Le monde va changer de base: Nous ne sommes rien, soyons tout !	제1절: 일어나라! 이 땅의 저주받은 사람들이여! 일어나라! 굶주림에 결박된 이들이여! 이성이 분화구에서 천둥처럼 울린다. 이것은 마지막 폭발이 될 것이다. 과거를 깨끗하게 쓸어버리자. 결박당한 대중이여 일어나라 일어나라! 세상은 근본부터 바뀌리라. 우리는 아무것도 아니다. 그러나 이제 모든 것이 될 것이다.

---

[*] 가사는 1887년 확정된 버전이다. 불어 위키백과에서 가져왔다. https://fr.wikipedia.org/wiki/L%27Internationale. 우리말 다른 번역은 나무 위키백과를 참조하기 바란다.
https://namu.wiki/w/%EC%9D%B8%ED%84%B0%EB%82%B4%EC%85%94%EB%84%90%EA%B0%80/%ED%95%9C%EA%B5%AD%EC%96%B4.
또한 우리말 번안 가사는 한글 위키백과에서 확인할 수 있다. https://ko.wikipedia.org/wiki/%EC%9D%B8%ED%84%B0%EB%82%B4%EC%85%94%EB%84%90%EA%B0%80

원문 가사	한글 번역
Refrain: (2 fois sur deux airs différents)	(후렴: 두 번, 서로 다른 선율에 따라)
C'est la lutte finale	이는 마지막 전투
Groupons-nous, et demain,	단결하자 그리고 내일을 맞이하자.
L'Internationale,	인터내셔널(국제 사회주의 연합)이 인류가 될 것이다.
Sera le genre humain.	
Couplet 2:	제2절:
Il n'est pas de sauveurs suprêmes,	지고의 구세주들은 없다.
Ni Dieu, ni César, ni tribun,	신도, 카이사르도, 호민관도 없다.
Producteurs sauvons-nous nous-mêmes !	우리 생산자들이 스스로를 구한다.
Décrétons le salut commun !	공동체에 구원을 명하자!
Pour que le voleur rende gorge,	도적들에게 반납을 명하고
Pour tirer l'esprit du cachot,	옥에 갇힌 영혼의 해방을 명하자
Soufflons nous-mêmes notre forge,	대장간에 풀무질을 하자
Battons le fer quand il est chaud !	달구어졌을 때 강철을 두드려 만들자.
Refrain	(후렴 반복)
Couplet 3:	제3절:
L'État comprime et la loi triche,	국가는 억압하고 법은 협잡한다.
L'impôt saigne le malheureux ;	세금은 불행한 이들의 고혈을 짜고
Nul devoir ne s'impose au riche,	부유한 이들에게는 어떤 의무도 없다.
Le droit du pauvre est un mot creux.	가난한 이들의 권리란 헛소리이다.
C'est assez languir en tutelle,	그 보호 속에 벌써 시들어 말라버렸다.
L'égalité veut d'autres lois:	평등은 다른 법을 요구한다:
≪Pas de droits sans devoirs, dit-elle,	"의무 없는 권리는 없다. 이는 곧, 권리가 없으면 의
Égaux, pas de devoirs sans droits !≫	무도 없다는 뜻이다".
Refrain	(후렴 반복)

원문 가사	한글 번역
Couplet 4: Hideux dans leur apothéose, Les rois de la mine et du rail, Ont-ils jamais fait autre chose, Que dévaliser le travail ? Dans les coffres-forts de la bande, Ce qu'il a créé s'est fondu. En décrétant qu'on le lui rende, Le peuple ne veut que son dû.	제4절: 신처럼 추앙받는 저 흉측한 광산과 철로의 왕들, 그들이 무슨 일을 했나? 우리 노동을 앗아가는 것 말고 그 강도들의 금고 속에 우리 노동의 창조물들이 녹아 버리고 있다. 그것들은 마땅히 인민들에게 귀속되어야 한다고 명한다. 인민은 오직 인민의 몫을 요구할 뿐이다.
Refrain	(후렴 반복)
Couplet 5: Les Rois nous saoûlaient de fumées, Paix entre nous, guerre aux tyrans ! Appliquons la grève aux armées, Crosse en l'air et rompons les rangs ! S'ils s'obstinent, ces cannibales, À faire de nous des héros, Ils sauront bientôt que nos balles Sont pour nos propres généraux.	제5절: 왕들은 화약 연기로 우리를 취하게 만든다. 우리들끼리는 평화, 폭군들을 향해서는 전쟁! 부대들이여 파업에 나서자. 전투 개시, 계급을 타파하자. 그 살인마들이 우리들의 영웅적 희생을 고집한다면, 그들은 곧 우리의 총알은 우리 자신의 장군들을 위한 것임을 알게 될 것이다.
Refrain	(후렴 반복)
Couplet 6: Ouvriers, Paysans, nous sommes Le grand parti des travailleurs ; La terre n'appartient qu'aux hommes, L'oisif ira loger ailleurs. Combien de nos chairs se repaissent ! Mais si les corbeaux, les vautours, Un de ces matins disparaissent,	제6절: 노동자, 농민들이여, 우리는 일하는 사람들의 위대한 당이다. 대지는 일하는 이들에게 속한다. 게으른 이들은 다른 곳에 가서 살지어다. 얼마나 많은 우리의 살을 뜯어 먹었는가! 그러나 이제 그 까마귀 떼, 독수리 떼들 어느 날 아침 사라진다면,

원문 가사	한글 번역
Le soleil brillera toujours !	태양은 언제나 빛나리라.
Refrain	(후렴 반복)

3. 이후의 전개과정

순식간에 진행된 볼셰비키 혁명에 사람들은 반신반의했다. 산적한 위기들이 앞에 있었고, 전통적인 세력들이 뒤를 위협하고 있었다. 많은 지식인들은 볼셰비키의 모험주의가 오래갈 수 없을 것으로 생각했다. 그러나 러시아 혁명은 70년을 지속했다.

러시아 혁명 직후 임시정부 때 발의된 제헌의회가 구성되었다. 볼셰비키는 다수 의석을 점하지 못하였다. 레닌은 곧바로 제헌의회를 해산시켰다. 그러고는 독일과의 전쟁을 끝낼 것이며 농민들에게 토지를 분배하겠다고 선언했다. 제헌의회가 해야 할 일, 그러나 하기 어려웠을 일을 레닌은 바로 결행한 것이다. 독일과의 전쟁에서 굴복함으로써 러시아는 많은 영토를 잃었다. 그러나 독일이 제1차 세계대전에서 패전하게 되어, 우크라이나 등의 영토를 되찾을 수 있었다. 레닌의 볼셰비키는 내전에서 승리하고 경제를 세우고 러시아 인민들에게 희망을 심어 주었다.

그러나 레닌은 곧 뇌졸중을 맞는다. 인류 역사상 가장 광대한 혁명을 벽력같은 결단으로 성공시킨 레닌도 건강의 벽은 넘지 못하였다. 레닌 사후 러시아 공산주의는 전망을 잃어버렸다. 스탈린은 러시아 민족주의와 권위주의에서 해법을 구했다. 레닌이 탁월함 그리고 무자비함으로 통치하였다면 스탈린은 주로 무자비함을 계승하였다. 레닌이 폭력으로써 혁명을 성취하였다면, 스탈린은 혁명으로써 폭력을 정당화했다.

제6장

미국 노예 해방 헌정사

미국은 공화제 헌법을 최초로 실현한 나라이다. 미국은 권력분립과 기본권 보장의 헌법을 성공적으로 정착시켜 입헌주의의 전범이 되었다. 국민주권의 사상에 입각하여 대통령과 의회 의원을 선출하여, 민주주의의 가능성을 실증하였다. 그러나 미국의 헌정사에는 노예제라는 원죄가 있었다. 미국 헌법 제정자들은 미국 남부 노예제를 인정하되 그 확산을 방지하고자 하였다. 이후 미국 헌정사는 노예제를 확산시키려는 남부와 노예제를 차단 폐지하려는 북부와의 타협과 대결로 점철되었다. 노예제 문제는 결국 남북 전쟁을 불러왔다. 전쟁 후 헌법 개정으로 노예제는 폐지되었다. 그러나 흑백 차별이 해소되지는 않았다. 미국 민주주의의 진정한 역사는 1960년 인권운동과 민권법 시대로부터 비로소 시작되었다고 말할 수 있다.

미국의 많은 민요들과 흑인 영가들이 노예제 역사와 관련이 있다. 이 장에서는 미국 민요 〈텍사스의 노란 장미〉와 〈몬테레이 들판〉 그리고 흑인 영가 〈북두칠성을 따라가요〉, 〈다정한 마차 흔들거리며 내려오고〉 그리고 〈아무도 내 괴로움을 모르리〉를 소개한다.

미국 건국의 부조(父祖)들은 미국의 제국은 이전의 침략적 제국주의와 달리 자유의 제국(empire of liberty)이 될 것임을 자부했지만, 미국이 현재와 같이 대서양에서 태평양에 이르는 북미 대륙 전체를 영토로 하게 된 것은 멕시코 전쟁으로 인한 것이다. 텍사스, 캘리포니아를 비롯한 미국 서부는 원래 스페인 식민지였고, 그로부터 해방된 멕시코 영토였다. 미국 남부 주민들은 노예제 농장의 확대를 위해 텍사스로 이주해 갔고, 마침내 멕시코와의 전쟁을 통하여 텍사스 독립과 서부 영토들을 병합할 수 있었다. 미국인들은 멕시코 전쟁을 '텍사스 혁명' 혹은 '텍사스 해방'으로 부르지만, 이는 동시에 미국 노예제와 영토의 확대를 위한 전쟁이기도 하였다. 주지하듯이, 헨리 데이비드 소로(Henry David Thoreau)는 그 멕시코 전쟁에 항의하여 전쟁 세금을 거부하면서 '시민불복종'을 주장한 바 있다. 〈텍사스의 노란 장미(Yellow Rose of Texas)〉와 〈몬테레이 들판(The Field of Monterrey)〉은 멕시코 전쟁과 관련된 미국 민요들이다.

미국 남부의 노예제가 확산되면서 탈출하는 노예들을 잡아 오는 '도망노예법'도 강화되었다. 남부의 흑인 노예들은 노예제가 폐지된 북부로 탈출하였고, 북부의 노예폐지론자들은 이들 도망노예를 보호하고 또 비밀 거점들로 계속 이동시켜 마침내 캐나다 국경을 넘게 해 주었다. 이러한 도망노예 보호 및 안내 활동을 '지하철도(underground railroad)'라고 불렀다. 〈북두칠성을 따라가요(Follow the Drinking Gourd)〉는 바로 도망노예 탈출 노래이다. 〈다정한 마차, 흔들거리며 내려와요(Swing Low, Sweet Chariot)〉도 그와 관련이 있다고 얘기된다. 남부 노예 주인은 이른바 노예 사냥꾼(slave catcher)을 동원하여 도망노예들을 체포하여 환송케 하였다. 노예제가 확산되면서 도망노예법이 강화되었고, 연방정부는 물론 북부의 주들도 도망노예 체포에 협력하여야 했다. 이는 북부 노예폐지론자들을 격분케 하였으며, 남북의 갈등과 위기를 고조시켰다.

노예제에 원칙적으로 반대하던 링컨 대통령이 당선되면서 미국 남부는 연방을 탈퇴하였고, 결국 남북 전쟁이 발발하였다. 링컨 대통령은 처음부터 노예제 폐지를 전면에 내세우지는 않았다. 그리하여 델라웨어, 메릴랜드, 켄터키, 미주리 등 접경의 남부 4개 주를 연방에 묶어 둘 수 있었다. 남북 전쟁의 승기를 잡으면서 링컨은 노예해방령을 선포하였다. 남북 전쟁에서 승리한 후 연방 헌법을 3차례나 수정하여 노예제 폐지, 흑인들에게 선거권 부여, 적법절차와 동등한 법적 보호의 원칙을 확립하고자 하였다. 그러나 남부의 반발은 여전하였고, 결국 남부 주들의 연방 통합을 위하여 흑인들의 지위 향상의 과제는 희생되고 말았다. 해방된 흑인 노예들이 토지를 불하받았다가 다시 환수된 후 흑인 영가 〈아무도 내 괴로움을 모르리〉를 불렀다는 일화는 남북 전쟁 후 흑인 노예의 처지를 잘 나타내고 있다.

I. 멕시코 전쟁:
〈텍사스의 노란 장미(민요)〉, 〈몬테레이 들판(민요)〉

미국 민요 〈텍사스의 노란 장미(Yellow Rose of Texas)〉와 〈몬테레이 들판(The Field of Monterey)〉은 모두 19세기 중반 미국과 멕시코의 전쟁과 관련이 있다. 〈텍사스의 노란 장미〉 노래의 연혁은 정확히 알 수는 없으나 후에 텍사스 독립 전쟁(Texas Revolution)의 전설이 부가되었다. 〈몬테레이 들판〉은 멕시코 전쟁의 치열했던 몬테레이 전투에서의 희생을 애도하는 노래다.

미국 역사에서 노예제 문제는 가장 심각한 헌정의 문제였다. 미국 제정 헌법에 노예에 대한 명시적 언급은 없다. 그러나 북부와 남부의 타협으로 노예제가 부분적으로 인정되었다. 미국 독립 당시 북부는 노예제를 폐지하였다. 그러나 남부의 산업은 노예제를 필요로 하였다. 북부에서는 노예제 확산을 제한하고자 하였다. 그러나 미국의 영토가 남서부로 확장되면서 노예제도 계속 확장되었다. 그 중요한 계기가 텍사스의 독립(Texas Revolution)과 멕시코 전쟁(Mexican War)이었다.

1. 역사적 배경

텍사스는 원래 멕시코 영토였다. 스페인으로부터 독립할 때 멕시코의 영토는 텍사스를 비롯하여 현재 미국 서부의 대부분을 포괄하였다. 미국 남부 사람들이 농장 건설을 위하여 노예들과 함께 텍사스로 몰려들었다. 땅을 불하받을 때 멕시코 국교인 가톨릭으로 개종할 것을 조건으로 하였다. 또한 멕시코에서는 노예제가 금지되었다. 가톨릭에는 반대하고, 노예제는 필요로 하였던 텍사스 미국인들은 독립을 원하였다. 멕시코 통치자 산타 아나(Santa Anna)가 무력 제압에 나섰다.[1]

알라모(Alamo) 전투에서 텍사스 민병대원들은 결사항전 옥쇄하였다. 그 희생 덕분에 텍사스의 지도자 샘 휴스턴(Sam Houston)은 의용군 모집에 시간을 벌 수 있었다. 샘 휴스턴은 산 하신토(San Jacinto) 전투에서 산타 아나를 생포하는 등 결정적인 승리를 거두었다. 민요 '텍사스의 노란 장미(Yellow Rose in Texas)'가 산 하신토 전투와 결부되어 전설이 만들어졌다. 알라모 전투 또한 미국인들에게 영웅 신화를 남겼다. 알라모 전투는 많은 책과 영화의 소재가 되었다. 1960년 영화의 주제 음악(The Green Leaves of Summer)이 유명하다.

텍사스는 독립을 쟁취하였지만, 미국의 텍사스 합병 문제가 남았다. 나아가 멕시코 영토였던 뉴멕시코와 캘리포니아에도 미국 이주민이 늘어나기 시작했다. 태평양 연안까지 확장하여 미국의 가치를 실현하는 것이 '미국의 명백한 운명(Manifest destiny)'으로 인식되었다. 미국은 독립한 텍사스에 정부군을 파병했고, 멕시코와 본격 전쟁에 돌입하였다. 미국은 멕시코 북부 몬테레이 전투 승리에 이어 수도 멕시코시티를 점령하였다. 멕시코는 항복하였고, 미국은 리오그란데 강을 경계로 멕시코와 국경선을 그었다. 텍사스 합병과 노예제를 승인하였으며, 현재의 캘리포니아 뉴멕시코, 네바다, 유타, 애리조나, 와이오밍과 콜로라도까지 영토를 넓혔다. 대신 멕시코는 1,500만 달러의 현금을 받았다(과달루페 이달고 조약, Treaty of Guadalupe Hidalgo).

2. 멕시코 전쟁 관련 노래들

(1) 〈텍사스의 노란 장미(Yellow Rose of Texas)〉

이 노래는 1853년 크리스티의 농장 멜로디 제2권(Christy's Plantation Melodies, No. 2)에 처음 채록되었다. 백인들이 흑인 모습을 하고 흑인의 애환을 노래하는 '민스트럴 송(minstrel song)'이었다. 농장에서 떠나온 흑인(노래 가사 중 'darkey')이 뮬래토(mulatto; 혼혈) 아가씨(노래 가사 중 'yellow girl')를 그리워하는 내용이었다. 처음에 노래 작자는 기록되어 있지 않았다.

이후 1858년 노래 악보가 출판되면서 작곡자가 "J. K."로 기재되었다. 오랜 연구 끝에 존 켈리(John Kelly; 무대 이름 J. K. Campbell)로 확인되었다. 존 켈리는 크리스티의 민스트럴 공연을 함께 하였던 코미디언이자 작곡가였다. 이 악보에서 가사가 조금 달라졌다. '텍사스의 노란 장미(Yellow Rose in Texas)'는 여기서 사용되었다.[2]

이처럼 고향을 떠나온 흑인이 고향의 연인을 그리워하는 노래였으나, 이후 '텍사스의 노란 장미'가 텍사스 독립 전쟁 당시 실존했던 에밀리 웨스트(Emily West)라는 주장이 제기되었고, 이어서 그녀가 산 하신토 전투(Battle of San Jacinto) 승리의 숨은 공신이라는 전설이 만들어졌다. 이는 2014년 벙클리(Anita Richmond Bunkley)의 소설 『텍사스의 노란 장미: 에밀리 모르간의 신화(Yellow Rose of Texas: The Myth of Emily Morgan)』에서 확대 재생산되었다.

그에 따르면 에밀리 웨스트는 혼혈 여성으로 텍사스의 민병대 모르간 (Morgan)의 가정부였다. 텍사스 독립전쟁이 발발하면서 멕시코 장군 산타 아나 (Santa Anna)가 진주하여 에밀리 웨스트를 현지처로 삼았다. 이후 텍사스 미국인 지도자 샘 휴스턴이 의용군을 조직하여 공격해 올 때, 웨스트는 산타 아나를 침실에 붙들어 놓았고, 그 기회를 이용해 미국 의용군들은 멕시코 군대를 격파하고 산타 아나를 생포할 수 있었다는 스토리가 만들어진 것이다.

이 노래의 여러 버전이 있으나 아래는 원가사를 소개한다.

〈텍사스의 노란 장미(Yellow Rose of Texas)〉[*]
작사: 존 켈리(John Kelly: 예명 J. K. Campbell)
번역: 정태욱

원문 가사	한글 번역
There's a yellow rose in Texas that I am going to see, No other darkey knows her, no darkey only me; She cried so when I left her, it like to broke my heart, And if I ever find her we never more will part.	텍사스에 노란 장미, 어떤 다른 흑인도 그녀를 몰라, 오직 나밖에. 내가 떠나올 때 그녀는 울었네. 내 가슴은 무너졌네. 내가 다시 그녀를 찾는다면, 절대로 다시 헤어지지 않으리.
Chorus:	합창:
She's the sweetest rose of color this darkey ever knew, Her eyes are bright as diamonds, they sparkle like the dew, You may talk about your Dearest May, and sing of Rosa Lee, But the Yellow Rose of Texas beats the belles of Tennessee.	그녀는 이 흑인이 지금까지 본 가장 사랑스러운 색의 장미라네. 그녀의 눈은 다이아몬드처럼 빛나고, 이슬처럼 반짝인다네. 사람들은 사랑스러운 메이(May)를 말할지도 몰라, 로자 리(Rosa Lee)를 노래할지도 몰라. 그러나 텍사스의 노란 장미는 테네시의 미인들보다 더 아름답다네.
Where the Rio Grande is flowing, and the starry skies are bright,	리오그란데강이 흐르는 곳, 별이 빛나던 곳, 그녀는 고요한 여름밤 강가를 따라 걷고 있겠지.

---

[*] 노래 가사는 텍사스 역사 협회 사이트에서 가져왔다. https://www.tshaonline.org/handbook/
   entries/yellow-rose-of-texas

원문 가사	한글 번역
She walks along the river in the quiet summer night;	오래전 우리가 헤어진 때, 내가 그때를 기억하고 있는지 생각하면서…
She thinks if I remember, when we parted long ago,	나는 반드시 돌아갈 거야. 그리고 다시는 그녀를 떠나지 않을 거야.
I promised to come back again, and not to leave her so.	
Oh! Now I'm going to find her, for my heart is full of woe,	오! 나는 그녀를 찾으러 간다. 내 가슴은 슬픔으로 가득하다.
And we'll sing the song together, that we sung so long ago;	우리는 예전에 같이 불렀던 노래들을 다시 함께 부를 것이다.
We'll play the banjo gaily, and we'll sing the songs of yore,	우리는 즐겁게 밴조를 연주하고 추억의 노래들을 부를 것이다.
And the yellow rose of Texas shall be mine forevermore.	텍사스의 노란 장미는 영원히 나의 님.

(2) 〈몬테레이 들판(The Field of Monterey)〉

1846년 텍사스 합방 문제로 멕시코와 미국이 본격 전쟁에 돌입하였고, 미국 군대는 한편으로는 뉴멕시코와 캘리포니아 방면을 공격하였고, 다른 한편으로는 리오그란데강을 건너 멕시코의 중심부를 향하였다. 먼저 멕시코 북부의 요충지 몬테레이(Monterey)에서 큰 승리를 거두었다. 이어서 부에나 비스타(Buena Vista)도 점령하였다. 미국 정부는 해상 작전을 벌여 베라크루스(Veracruz)에도 상륙하였고, 결국 수도인 멕시코시티를 점령하여 멕시코의 항복을 받아 내었다.

이 노래는 몬테레이 전투의 희생을 애도하는 내용을 담고 있다. 몬테레이 전투는 멕시코 전쟁에서 가장 치열했고, 희생이 컸던 전투로 알려져 있다. 가사는 미국 여류 시인 설리반(Marion Dix Sullivan)의 시이다. 작곡자는 알려져 있지 않다.[3]

이 노래도 여러 버전이 있으나 여기서는 원가사를 올린다.

〈몬테레이 들판(The Field of Monterey)〉*

작사: 마리온 설리반(Marion Dix Sullivan)

번역: 정태욱

원문 가사	한글 번역
1. The sweet church bells are pealing forth their chorus loud and free And everything's rejoicing in the glorious victory And many hearts are bleeding, upon this glorious day For the loved, in death, are sleeping on the field of Monterey On the Field of Monterey, For the loved, in death are sleeping, in the field of Monterey	1. 달콤한 교회의 종소리들은 우렁차고 자유롭게 퍼져 간다. 모든 것이 영광스러운 승리를 기뻐하고 있다. 그러나 많은 가슴들이 이 영광의 날에 피를 흘리고 있다. 사랑하는 이들이 몬테레이 들판에 숨겨 잠들어 있으므로… 몬테레이 들판에. 사랑하는 이들이 몬테레이 들판에 숨겨 잠들어 있으므로… 몬테레이 들판에.
2. When spring was here, with opening flowers, and I was crowned the queen And all the young and gay were met to dance upon the green The proudest and the manliest was by my side that day Who now in death is sleeping on the field of Monterey On the field of Monterey Who now in death is sleeping on the field of Monterey	2. 봄이 오고, 꽃 필 때, 나는 여왕의 왕관을 썼다. 청춘들 즐겁게 만나 초원에서 춤을 추었다. 가장 자랑스럽고 멋있는 청년들 그날 내 곁에 있었지. 그러나 그들 이제 몬테레이 들판에 숨겨 잠들어 있도다… 그들 이제 몬테레이 들판에 숨겨 잠들어 있도다…

---

* 노래 가사는 미국 메인 대학 사이트에서 가져왔다. https://umaine.edu/folklife/what-we-do/programs-and-events/maine-song-and-story-sampler-map/places/brownville-the-field-of-monterey/

원문 가사	한글 번역
3. The flowers of spring have faded and the woods are sear and old The persimmon's cheek is flushing and the papaw shines with gold But many hearts are bleeding, upon this glorious day For the loved in death are sleeping on the field of Monterey On the field of Monterey For the loved in death is sleeping on the field of Monterey	3. 봄꽃들 시들어 가고 여름 뜨거웠던 수풀도 숙어진다. 감의 뺨은 붉게 물들고, 포포나무는 금빛으로 빛난다. 그러나 많은 가슴들이 이 영광의 날에 피를 흘리고 있다. 사랑하는 이들이 몬테레이 들판에 숨겨 잠들어 있으므로… 몬테레이 들판에. 사랑하는 이들이 몬테레이 들판에 숨겨 잠들어 있으므로… 몬테레이 들판에.

3. 이후의 전개과정

멕시코 전쟁으로 획득한 영토들이 미연방에 편입될 때, 노예제 문제가 다시 불거졌다. 북부의 사람들은 멕시코 전쟁에서 얻어진 영토는 자유 주(Free States)가 되어야 한다고 주장하였다. 멕시코 치하에서 폐지되었던 노예제를 미국 영토로 편입하면서 다시 부활시키는 것은 반(反)문명적이라고 보았다. 그러나 남부 사람들은 그에 동의할 수 없었다. 그들에게 멕시코 전쟁을 벌인 이유는 바로 노예제의 확장을 위한 것이었기 때문이다.

남과 북은 1850년 타협에 이르게 된다. 캘리포니아는 자유 주로서 연방 편입을 승인하되, 다른 주들은 지역 주민들의 의사에 따라 결정하도록 한 것이었다. 북부인들은 경제적으로나 인구수로나 가장 중요했던 캘리포니아를 자유 주로 하는 것에 위안을 삼았고, 남부인들은 개별 주들의 자결권, 즉 각 주들의 인민주권(popular sovereignty) 원칙이 존중되었다는 점에 의미를 두었다. 결국 캘리포니아를 제외한 대부분의 다른 주들은 노예주(slave states)로서 연방 편입을 신청하였다.

이 1850년 타협의 또 하나의 특징은 남부의 요구를 반영하여 '도망노예법 (Fugitive Slave Act)'을 보다 강화한 것이었다. 북부의 주 정부는 남부 '노예 사냥꾼' 이 탈출한 노예들을 체포하여 송환하는 것을 도와야 했다. 이러한 도망노예법 의 '개악'은 북부 각 지역에서 거센 저항을 불러왔다. 노예제를 둘러싼 남북의 분열은 결국 남북 전쟁으로 이어질 것이었다.

II. 도망노예법과 지하철도 운동:
〈북두칠성을 따라가요(흑인 영가)〉,
〈다정한 마차 흔들거리며 내려오고(흑인 영가)〉

흑인 영가(spiritual)에는 미국 노예제 헌정사가 담겨 있다. 흑인 영가에는 노예들의 애환만이 아니라 자유에의 여정도 담겨 있다. 〈북두칠성을 따라가요(Follow the Drinking Gourd)〉, 〈다정한 마차, 흔들거리며 내려와요(Swing Low, Sweet Chariot)〉는 노예들의 탈출과 그들을 돕는 '지하철도(Underground Railroad)' 운동을 배경으로 한다.

미국 남부의 흑인 노예들은 자유를 찾아 북부로 탈출하였고, 남부는 '도망노예법'을 제정하여 그들을 체포하고자 하였다. 북부 노예폐지론자들은 탈출한 노예들을 보호하며 캐나다까지 인도하는 '지하철도' 운동을 전개하였다.

1. 역사적 배경

멕시코와의 전쟁에서 승리함으로써 미국은 방대한 영토를 얻고 노예제를 확산시킬 수 있게 되었다. 그러나 노예제를 둘러싸고 남과 북의 대립은 심화되었다. 멕시코 전쟁에서 획득한 영토를 자유 주(Free States)로 할 것인지 노예 주(Slave States)로 할 것인지 논란이 되었다. 가장 넓고 인구가 많은 캘리포니아는 자유주로 하고 다른 지역들은 주민들의 자결권에 맡기기로 하였다. 사실상 노예제 확산을 승인한 것이다. 이를 '1850년 타협(Compromise of 1850)'이라고 부른다.

1850년 타협에는 또 하나의 중요한 부분이 있었다. 도망노예법(Fugitive Slave Act)

을 강화한 것이다. 도망노예법이란 남부에서 북부로 탈출한 노예들을 남부 주인이 잡아 올 수 있게 한 법이었다. 원래 미국 제헌 헌법 상 도망노예 송환에 대한 규정이 있었으며, 그에 따라 일찍이 1793년 최초의 도망노예법이 제정된 바 있다.

다만, 1793년의 도망노예법은 노예 체포를 남부 주인의 권리로 인정하되 연방정부와 북부 주 정부들의 협조 의무를 명기하지 않았다. 나아가 북부 주들은 '인신 자유법들(personal liberty laws)'을 제정하여 도망노예법을 무력화시켰다.

또한 북부 사람들은 남부에서 탈출해 온 노예들을 도왔다. 여러 거점들에서 노예들을 보호하며 노예제가 폐지된 캐나다까지 도피시켜 주었다. 이를 소위 '지하철도(Underground Railroad)' 운동이라고 부른다. 참고로『월든(Walden)』의 작가 소로(Thoreau),『작은 아씨들(Little Women)』의 작가 올컷(Alcott)의 집도 지하철도의 거점이었다.

남부인들은 그것에 불만이었고 '1850년 타협'의 과정에서 도망노예법을 새롭게 강화하였다. 새로운 도망노예법은 미국의 모든 카운티에 1명 이상의 판무관(commissioner)을 두도록 하였다. 판무관은 도망노예 체포를 위해 부관 혹은 자경단(自警團)을 임명할 수 있도록 했다. 연방보안관에게 피의자 체포 명령을 발할 수도 있었다. 연방보안관은 연방 군대 및 각 주의 민병대의 도움을 요청할 수 있었다.[4] 이제 도망노예의 체포는 남부 노예소유자의 사무에 그치는 것이 아니라 연방과 북부 주들의 공적 책무가 된 셈이었다.

이는 북부인들의 양심을 찔렀다. 모든 북부인들은 노예제에 동조할 것인가 반대할 것인가 결단을 해야 했다. 스토(Harriet Beecher Stowe) 여사는 도망노예법에 분개하여『톰 아저씨의 오두막(Uncle Tom's Cabin)』이라는 소설을 발표하였다. 이 소설은 엄청난 반향과 공명을 불러일으켰고, 노예폐지론(Abolitionism)은 북부 전역에 내면화되고 확산되었다.

2. 흑인 영가들

(1) 〈북두칠성을 따라가요(Follow the Drinking Gourd)〉

작자 미상인 흑인 영가(spiritual)이다. 탈출한 노예들을 자유의 땅으로 인도하는 경로가 담겨 있다. 북두칠성을 바라보고 북으로 가고, 강을 따라가고, 나무에 새겨진 표시를 보고 가라고 안내하고 있다.

가사는 여러 버전이 있으나 널리 불리는 리 헤이즈(Lee Hays)의 가사를 소개한다. 이 노래 및 다른 버전들에 대하여는 https://www.followthedrinkinggourd. org/What_The_Lyrics_Mean-Notes.htm#Trees를 참조하기 바란다.

〈북두칠성을 따라가요(Follow the Drinking Gourd)〉*
작사: 미상(Lee Hays 버전)
번역: 정태욱

원문 가사	한글 번역
VERSE 1 When the sun comes back, and the first quail calls, Follow the drinking gourd The old man is awaiting for to carry you to freedom If you follow the drinking gourd.	해가 다시 떠오르고, 첫 메추라기가 울음 울면, 북두칠성을 따라가요 노인이 당신을 기다리고 있어요, 자유의 땅으로 데려가 줄. 북두칠성을 따라가요.
CHORUS	합창(후렴)
Follow the drinking gourd, Follow the drinking gourd,	북두칠성을 따라가요 북두칠성을 따라가요

---

* 노래 가사는 www.followthedrinkinggourd.org 사이트에서 가져왔다. https://www.followthedrinkinggourd. org/What_The_Lyrics_Mean-Notes.htm#Trees

원문 가사	한글 번역
For the old man is awaiting for to carry you to freedom If you follow the drinking gourd.	노인이 당신을 기다리고 있어요, 자유의 땅으로 데려가 줄
VERSE 2 The river bank will make a mighty good road The dead trees show you the way Left foot, peg foot, traveling on Follow the drinking gourd.	강 언덕이 훌륭한 좋은 도로가 될 것입니다. 죽은 나무들이 당신에게 길을 알려 줄 것입니다. 왼발, 페그 발(peg; 의족)* 계속 여행해요. 북두칠성을 따라가요.
CHORUS	합창(후렴)
VERSE 3 The river ends between two hills, Follow the drinking gourd, There's another river on the other side, Follow the drinking gourd.	강은 두 언덕 사이에서 끝납니다. 북두칠성을 따라가요. 다른 쪽에 또 하나의 강이 흐르고 있어요. 북두칠성을 따라가요.
CHORUS	합창(후렴)
VERSE 4 Where the great big river meets the little river Follow the drinking gourd The old man is awaiting for to carry you to freedom If you follow the drinking gourd.	큰 강이 작은 강을 만나는 곳에서 북두칠성을 따라가요. 노인이 당신을 기다리고 있어요, 자유의 땅으로 데려가 줄. 북두칠성을 따라가요.

(2) 〈다정한 마차, 흔들거리며 내려와요(Swing Low, Sweet Chariot)〉

이 흑인 영가는 월리스 윌리스(Wallace Willis) 작곡으로 알려져 있고, 19세기

---

* 다리 하나를 잃고 의족을 한 도망노예임을 말해 준다.

후반 흑인 아 카펠라(A cappella; 기악 반주 없이 목소리만으로 화음을 맞추어 부르는 노래) 그 룹인 피스크 주빌리 싱어즈(Fisk Jubilee Singers)가 불러 널리 알려졌다.

원가사는 지상의 고통을 벗어나 천상의 고향으로 갈 것이라는 의미를 담고 있다. 구약성경 이스라엘 선지자 엘리야(Elijah)가 불의 마차(chariot of fire)를 타고 승천하였다는 구절에서 모티브를 따왔다고 한다.[5]

한편 이 노래도 남부 노예들의 탈출을 위한 '지하철도'와 관계있다는 견해도 있다. 즉 남부에서 북부로 탈출해 온 흑인 노예들이 마차로 인도되어 캐나다 안전한 자유의 땅으로 가게 되는 내용을 담고 있다는 것이다. 어떤 노예들은 이 노래를 'Swing Low, Sweet Harriet'로 바꾸어 부르기도 하였다고 한다. Harriet 는 바로 Harriet Tubman을 가르킨다.[6] 해리어트 터브만은 그 자신이 도망노예 출신이며 '지하철도' 운동의 대표자였다.

이 노래는 또한 1960년대 미국 민권 운동(Civil Rights Movements) 당시 조안 바에즈(Joan Baez) 등에 의해 많이 불렸다.

아래 노래 가사를 올린다.

〈다정한 마차 흔들거리며 내려와요(Swing Low, Sweet Chariot)〉*
작사: 월리스 윌리스(Wallace Willis)
번역: 정태욱

원문 가사	한글 번역
Refrain:	(후렴)
Swing low, sweet chariot,	다정한 마차, 흔들거리며 내려와요.
Coming for to carry me home.	나를 고향으로 데려가 줄.

---

* 가사는 영어 위키백과에서 가져왔다. https://en.wikipedia.org/wiki/Swing_Low,_Sweet_Chariot#cite_note-7

원문 가사	한글 번역
Swing low, sweet chariot, Coming for to carry me home.	다정한 마차, 흔들거리며 내려와요, 나를 고향으로 데려가 줄.
I looked over Jordan, and what did I see, Coming for to carry me home. A band of angels coming after me, Coming for to carry me home.	나는 요단강 너머를 바라보았지요. 나는 보았어요. 천사의 부대들이 나를 찾아왔어요 나를 고향으로 데려가 주기 위해 나를 고향으로 데려가 주기 위해
[Refrain]	(후렴 반복)
If you get there before I do, Coming for to carry me home. Tell all my friends I'm coming too, Coming for to carry me home.	당신이 나보다 먼저 그곳에 간다면 나를 고향으로 데려가 줄, 친구들 모두에게 말해 주오, 나도 오고 있다고, 나를 고향으로 데려가 줄.
[Refrain]	(후렴 반복)
The brightest day that ever I saw Coming for to carry me home. When Jesus washed my sins away, Coming for to carry me home.	내가 본 날들 중 가장 밝은 날 나를 고향으로 데려가 줄 예수님이 내 죄를 씻어 주는 날 나를 고향으로 데려가 줄
[Refrain]	(후렴 반복)
I'm sometimes up and sometimes down, Coming for to carry me home. But still my soul feels heavenly bound, Coming for to carry me home.	나는 때로는 행복하고 때로는 우울해요. 나를 고향으로 데려가 줄 그러나 내 영혼은 하늘을 향해 있다고 느낍니다. 나를 고향으로 데려가 줄.
[Refrain]	(후렴 반복)

3. 이후의 전개과정

1850년 타협에서 공인된 주민 자결의 원칙은 노예제 헌정사를 파탄으로 몰고 갔다. 1854년 캔자스(Kansas)와 네브래스카(Nebraska)주가 새롭게 미연방에 가입하게 된다. 캔자스의 주민 투표를 앞두고 갈등이 고조되었다. 북부 매사추세츠(Massachusetts) 등에서 노예폐지론자들이 대거 이주해 왔고, 캔자스 옆 미주리주에서는 '경계지 불한당(Border Ruffian)'이라고 불리는 노예제 지지자들이 이주해 왔다. 결국 이들 사이에 무력 충돌이 발생하고 많은 사상자가 발생했다. 이 '유혈의 캔자스(Bleeding Kansas)'는 남북 전쟁의 전조였다.

캔자스 유혈 충돌의 주역이었던 노예폐지론자 존 브라운(John Brown)은 더욱 급진적인 계획을 실행했다. 연방 무기고를 습격하여 전국적인 노예제 폐지의 폭동을 야기하고자 하였다. 브라운의 봉기 시도는 실패로 돌아갔으나, 남북의 여론은 극단으로 치달았다. 노예제에 대한 원칙적 반대론자 링컨이 대통령에 당선되면서 사우스캐롤라이나(South Carolina)를 필두로 남부의 주들이 연방 탈퇴를 시작했다. 그리고 1861년 남북 전쟁이 발발한다.

Ⅲ. 남북 전쟁:
〈아무도 내 괴로움을 모르리(흑인 영가)〉

흑인 영가(spiritual) 〈아무도 내 괴로움을 모르리(Nobody Knows the Trouble I've Seen)〉는 흑인들의 슬픔을 표현하고 있다. 1865년 남북 전쟁 후 노예제는 폐지되었지만, 흑인들의 처지는 나아지지 않았다.

미국 남북 전쟁 후 노예 해방령이 선포되고 흑인들에게 자활능력을 갖추게 하기 위해 '해방노예 사무처(Freedmen's Bureau)'가 설치되었다. 반란자들로부터 몰수한 토지를 불하하여 경작하게 하였다. 그러나 링컨 대통령 사후 대통령직을 계승한 앤드루 존슨 대통령은 해방노예들보다 남부인들의 지위 회복에 더 관심이 많았다. 존슨 대통령은 토지를 원소유자에게 돌려주게 하도록 지시하였다. 낙담한 흑인들은 이 노래를 불렀다.

1. 역사적 배경

남북 전쟁 후 미국 헌법은 근본적인 변화를 겪었다. 수정헌법 제13조가 제정되어 노예제 폐지가 선언되었다. 이어서 수정헌법 제14조가 제정되어 동등한 법적 보호와 적법절차의 원리가 보장되고, 수정헌법 제15조를 통해서 흑인들에게도 투표권을 부여하도록 하였다. 그러나 남부의 반발은 계속되었고, 흑인 차별은 해소되지 않았다. 해방노예들의 자활을 위한 사회적 조치들도 좌절되었다. 흑인들의 고난과 비애는 계속되었다.

남북 전쟁 후 수정헌법 제13조에서 노예제 폐지가 선언되었다. 그러나 그 조항은 해방노예의 권리에 대하여는 아무런 언급이 없었다. 링컨은 남북 전쟁 이후 남부의 재편입과 연방의 통합을 최우선 과제로 삼았다. 링컨은 남부 주들의 재승인 조건을 관대하게 하면서, 대신 해방노예들의 처지 개선에 주력하고자 하였다. 그러나 남부의 주들은 노예제 폐지를 수용하였지만, 흑인 문제를 개선하려는 의사는 없었다.

1865년 4월 링컨이 암살되고 남부 민주당 출신의 부통령 앤드루 존슨(Andrew Johnson)이 새로운 대통령이 되었다. 그는 남부인의 권리를 회복시키는 데에는 열심이었지만, 해방노예의 법적 지위를 회복시키는 데에는 관심이 없었다. 남부 주들은 흑인들의 참정권, 토지소유권, 무기 소유, 그리고 법정 증언 등의 권리들을 배제하였다.

공화당이 지배하였던 연방의회는 흑백차별을 방지하기 위하여 또 하나의 수정헌법을 추진하였다. 1866년 수정헌법 제14조, 즉 평등권 및 적법절차 보호 규정이 제정되었다. 대부분의 남부 주들은 그 헌법 수정안을 거부하였다. 다시 남북 갈등이 고조되었고, 연방 공화당 정부는 1867년 '재건법(Reconstruction Acts)'을 제정하고 남부에 군정(軍政)을 실시하였다. 그리고 1869년 수정헌법 제15조가 추가되었다. 재건법을 헌법화하여 흑인들에게 투표권을 부여토록 한 것이다. 그러나 그 구체적인 시행은 법률에 의존하도록 하였다.

한편 1865년 노예해방령과 더불어 해방노예들의 재활을 돕기 위한 해방노예 사무처(Freedmen's Bureau)도 구성되었다. 이는 원래 링컨 대통령의 구상이었다. 흑인들의 의식주와 교육, 직업문제를 도와주고 지속적인 권익보장을 위한 것이었다. 대통령 링컨과 법안의 제안자들은 이를 백인 사회의 당연한 보상이라고 생각했다. 전쟁 중 몰수된 토지를 불하하여 흑인들의 자립을 도모하였다. 그러나 링컨 사후 그 구상은 실현되지 못하였다.

해방노예 사무처장 하워드 장군(Oliver O. Howard; General Howard)은 링컨의 구상을 충실히 이행하고자 했다. 학교와 병원을 짓고, 노동조건 협상을 지원하고, 굶주린 흑인들에게 식사를 제공했다. 그러나 링컨의 후임 앤드루 존슨 대통령은 그 토지를 원래의 주인에게 반환할 것을 명하였다. 하워드는 부처장 색스턴(Rufus Saxton)과 협력하여 대통령의 지시를 늦추거나 저지하고자 하였다. 사우스캐롤라이나 해변 에디스토섬 백인들이 소유권을 주장하며 토지의 반환을 요구했다. 존슨 대통령은 하워드를 파견하였다. 토지 반환을 집행하고 흑인들을 무마하라고 지시했다. 하워드는 대통령의 명령과 흑인들에 대한 동정 사이에서 고뇌하였고, 낙담한 흑인들은 〈아무도 내 괴로움을 모르리(Nobody Knows the Trouble I've Seen)〉를 부르며 슬픔을 삼켰다.[7]

하워드 소장은 주민들이 참여하는 분쟁 조정 위원회를 구성하여 새로운 의회가 소집될 때까지 시간을 벌고자 하였다. 그러나 하워드의 바람은 이루어지지 않았다. 해방노예 사무처 부처장이 새로 임명되었고, 그는 백인들 재산 반환을 명령했고, '해방된' 흑인들은 다시 백인 토지 주인에 고용된 농업 노동자 신분으로 떨어졌다. 해방노예 사무처는 예산을 삭감당하는 등 점차 기능이 축소되어 갔으며 1872년 해체되었다.

이어진 1868년 대통령 선거에서 공화당의 그랜트(Ulysses S. Grant) 대통령이 당선되었다. 그는 남북 전쟁 당시 북부의 사령관이었다. 그러나 그랜트 대통령 공화당 정부는 부정과 추문으로 얼룩졌다. 민심은 이반하였고, 공화당은 정국 주도권을 상실해 갔다. 1872년 사면법이 통과되었다. 남부 반란군 출신으로 참정권이 제한되었던 수십만의 백인들이 시민권을 회복하였다. 경제도 불황에 빠졌다. 마침내 1874년 중간 선거에서 민주당이 대거 진출하여 의회를 장악하였다. 이어진 대통령 선거에서 궁지에 몰린 공화당은 결국 남부의 군정을 중단하게 된다. 이렇게 재건 시대는 지나가고, 흑인들의 권리 회복도 좌절되었다.

2. 흑인 영가 〈아무도 내 괴로움을 모르리(Nobody Knows the Trouble I've Seen)〉

이는 유서 깊은 흑인 영가로서 1867년 〈Slave Songs of the United States〉에 최초로 수록되어 있다. 그 책에는 노래의 기원도 소개되어 있으며 앞서 얘기한 사우스캐롤라이나 해변 에디스토섬(Edisto Island)에서의 사연도 나와 있다.

그에 따르면 이 노래는 찰스턴(Charleston)의 흑인 학교에서 1865년 가장 애창되던 노래였다고 한다. 이후 해변 섬들까지 널리 퍼지며 여러 버전이 생겼다고 한다. 그리고 에디스토섬의 이야기도 다음과 같이 전하고 있다. 앞서 서술하였듯이, 해방노예 사무처 하워드 장군이 원주인에 대한 토지 반환 집행의 명을 받고 섬에 파견되어 왔다. 그러나 하워드 장군은 정부 명령을 바로 통고하지 못하고 흑인들을 위로하고자 노래를 제안했다. 한 여인이 이 노래를 시작했고, 모인 사람들이 다 같이 따라 불렀다. 하워드 장군은 노래에 감동하며 흑인들과 함께 눈물을 흘렸으며, 결국 그의 직무를 수행할 수 없었다.[8]

아래 폴 롭슨(Paul Robeson)이 부른 노래 가사를 올린다. 폴 롭슨은 20세기 전반 미국 흑인의 자랑이자 미국 전설의 베이스 바리톤이다. 원래 노래가 처음 채록된 책 Slave Songs of the United States의 가사와는 조금 다르다.

〈아무도 내 괴로움을 모르리(Nobody Knows the Trouble I've Seen)〉

작사: 미상(Paul Robeson 버전)

번역: 정태욱

원문 가사	한글 번역
Nobody knows the trouble I've seen	누구도 나의 이 괴로움 모르리
Nobody knows my sorrow	누구도 나의 슬픔을 모르리
Nobody knows the trouble I've seen	누구도 나의 이 괴로움 모르리
Glory hallelujah!	하나님께 영광을!
Sometimes I'm up, sometimes I'm down	때로는 기운이 나다가, 때로는 기운이 꺼집니다.
Oh, yes, Lord	오, 예, 주님.
Sometimes I'm almost to the ground	때때로 나는 거의 죽을 것 같습니다.
Oh, yes, Lord	오, 예, 주님.
Nobody knows the trouble I've seen	누구도 나의 이 괴로움 모르리
Nobody knows my sorrow	누구도 나의 슬픔을 모르리
Nobody knows the trouble I've seen	누구도 나의 이 괴로움 모르리
Glory hallelujah!	하나님께 영광을!
Although you see me going 'long so	이렇게 오래 온 것 같은데,
Oh, yes, Lord	오, 예, 주님,
I have my trials here below	나는 여기 아래 시련 속에 있습니다.
Oh, yes, Lord	오, 예, 주님.
Nobody knows the trouble I've seen	누구도 나의 이 괴로움 모르리
Nobody knows my sorrow	누구도 나의 슬픔을 모르리
Nobody knows the trouble I've seen	누구도 나의 이 괴로움 모르리
Glory hallelujah!	하나님께 영광을!
If you get there before I do	그대 나보다 먼저 천국에 가거든,
Oh, yes, Lord	오, 예, 주님,
Tell all-a my friends I'm coming to Heaven!	친구들에게 나도 곧 온다고 얘기해 주시오.
Oh, yes, Lord	오, 예, 주님.

3. 이후의 전개과정

'재건법'이 폐지되고 1877년 연방군이 철수하면서, 남부에는 '역류'의 시절이 도래하였다. 남부 각 지역에서 '흑인차별법(이른바 짐 크로우 Jim Crow법)'이 양산되었다. 흑인들의 투표권은 사실상 배제되었다. 투표세(poll tax), 읽기 쓰기 테스트 등 재산과 지식의 장애를 넘을 수 있는 흑인들은 거의 없었다. 배심원 자격도 박탈되었다. 해방되었다고는 하지만, 강제노역이 만연하였다. 'KKK단' 등 백인들 사설 무장집단의 흑인 살상도 자행되었다.

흑인들의 지위가 온전히 회복되기 위해서는 20세기 중반 민권 운동(Civil Rights Movement) 때까지 기다려야 했다. 그리고 21세기 마침내 흑인 대통령을 탄생시켰다.

미주

• 제1장

1 브라이언 타이어니 · 시드니 페인터, 『서양중세사』, 이연규 역, 집문당, 2002, 389쪽.

2 브라이언 타이어니, 위의 책, 469쪽.

3 오스트로고르스키, 『비잔티움 제국사』, 한정숙 · 김경연 역, 까치, 1999, 380쪽.

4 오스트로고르스키, 위의 책, 381쪽.

5 오즈맹, 『프로테스탄티즘: 혁명의 태동』, 박은구 역, 도서출판 혜안, 2004, 47쪽.

6 롤런드 베인턴, 『마르틴 루터』, 이종태 역, 생명의 말씀사, 제3판 2쇄, 2017, 255~256쪽.

7 토머스 칼라일, 『영웅의 역사』, 박상익 역, 소나무, 1997, 218쪽.

8 H. 하이네, 『독일의 종교와 철학의 역사에 대하여』, 태경섭 역, 회화나무, 2019, 79쪽.

• 제2장

1 나종일 · 송규범, 『영국의 역사 (상)』, 한울 아카데미, 2005, 360쪽.

2 나종일 · 송규범, 위의 책, 362쪽.

3 나종일 · 송규범, 위의 책, 368쪽.

4 나종일 · 송규범, 『영국사 (하)』, 한울 아카데미, 2005, 473쪽.

5 Frans and Julia Muller, "Completing the picture: the importance of reconstructing early opera." Early Music, vol XXXIII/4 (November 2005), 670쪽.

6 Frans and Julia Muller, 위의 글, 668~669쪽.

7 Frans and Julia Muller, 위의 글, 678쪽.

8 나종일 · 송규범, 『영국의 역사 (하)』, 한울 아카데미, 2005, 480쪽.

9 김웅진, "프레스토판스 전투, 영국의 국가와 의회민주주의", 『비교민주주의연구』(인제대학교), 2005년 12월, 7쪽.

10 영문 위키백과, "God Save the King", https://en.wikipedia.org/wiki/God_Save_the_King.

11 영문 위키백과, "God Save the King", https://en.wikipedia.org/wiki/God_Save_the_King.

12 김웅진, 앞의 글, 7쪽.

13 이남재, "라모와 헨델의 승전 축하 작품 비교", 『서양음악학』, 제22권 제1호, 2019, 129쪽.

14 김성룡, "18세기 영국의 국민 정체성과 반가톨릭주의", 『신학과 목회』(영남신학대학교), 제22집, 2004, 13쪽.

15 김성룡, 위의 글, 13쪽.

16 김웅진, 앞의 글, 19~20쪽.

17 영문 위키백과, 엑스라샤펠 조약, https://en.wikipedia.org/wiki/Treaty_of_Aix-la-Chapelle_(1748).

• 제3장

1   앙드레 모로아, 『프랑스사』, 신용석 역, 제1판 3쇄, 김영사, 2016, 475쪽.

2   앙드레 모로아, 『프랑스사』, 위의 책, 472쪽.

3   슈테판 츠바이크, 『광기와 우연의 역사』, 정상원 역, 초판 2쇄, 이화 북스, 2021, 142쪽.

4   슈테판 츠바이크, 위의 책, 157쪽.

5   Charels Hughs, "Music of the French Revolution", Science & Society 제4권 2호(1940), 196쪽.

6   영문 위키백과 https://en.wikipedia.org/wiki/Carmagnole.

7   알베르 소부울, 『프랑스 대혁명사 (상)』, 최갑수 역, 두레, 1984, 243~244쪽.

8   김응종 · 민유기 외, 『프랑스 종교와 세속화의 역사』, 충남대학교 출판문화원, 2013, 173쪽.

9   김응종 · 민유기 외, 위의 책, 180쪽.

10 영문 위키백과 https://en.wikipedia.org/wiki/Martyrs_of_Compi%C3%A8gne.

11 최호영, "성모 찬송가 Salve Regina", 『가톨릭 신문』 2013-06-16 [제2850호, 14면], 인터넷 페이지 https://www.catholictimes.org/article/article_view.php?aid=255846.

12 앙드레 모로아, 『프랑스사』, 신용석 역, 제1판 3쇄, 김영사, 2016, 502쪽.

13 앙드레 모로아, 『프랑스사』, 신용석 역, 제1판 3쇄, 김영사, 2016, 475쪽, 491쪽.

14 앙드레 모로아, 위의 책, 502쪽.

15 조르주 보르도노브, 『나폴레옹 평전』, 나은주 역, 열대림, 초판 2쇄, 2009, 316쪽.

16 자크 아탈리, 『마르크스 평전』, 이효숙 역, 예담, 초판 4쇄, 2009, 23쪽.

17 윌리엄 카, 『독일근대사』, 이민호 · 강철구 역, 탐구당, 1996, 34쪽.

18 이상 조르주 보르도노브, 앞의 책, 347~352쪽.

19 엄현지, "슈만의 가곡집 〈로만체와 발라드 II, Op. 49〉 분석 연구", 성신여자대학교 대학원 석사 학위 논문, 2021, 26쪽.

20 George Prochnik, Heinrich Heine: Writing the Revolution, New Haven and London, Yale University Press, 2020, 4~5쪽.

21 이정환, "낭만주의 시대 '전형적 낭만주의자'의 탈피를 위하여: 비더마이어 음악사의 교육시민계급 음악가 슈만", 『음악이론포럼』(연세대학교 음악연구소), 제24권 1호, 2017, 53쪽.

22 Sante Bargellini, "Paganini and the Princess", The Musical Quarterly 제10권 4호, 1934, 408쪽 및 416쪽.

• 제4장

1   윌리엄 카, 『독일근대사』, 이민호 · 강철구 역, 개정증보판, 탐구당, 1996, 41쪽.

2   윌리엄 카, 위의 책, 28쪽.

3   김장수, 『독일의 대학생 활동 및 그 영향』, 푸른 사상, 2006, 68~69쪽.

4   김장수, 위의 책, 99쪽.

5   마틴 키친, 『케임브리지 독일사』, 유정희 역, 시공사, 초판 5쇄, 2006, 202쪽.

6 윌리엄 카, 『독일근대사』, 이민호 · 강철구 역, 개정증보판, 탐구당, 1996, 41쪽.

7 Mona Brunel-Geuder, Die Auswirkungen der Rheinkrise von 1840 auf das nationale Bewusstsein in Deutschland, Erlangen FAU University Press, 2014, 42쪽.

8 Mona Brunel-Geuder, 위의 책, 49쪽.

9 마틴 키친, 『케임브리지 독일사』, 유정희 역, 시공사, 2006, 203쪽.

10 Mona Brunel-Geuder, 앞의 책, 46쪽.

11 이정환, "낭만주의 시대, 전형적 낭만주의자의 탈피를 위하여: 비더마이어 음악사의 교육시민계급 음악가 슈만", 『음악이론포럼』(연세대학교 음악연구소), 24권 1호(2017년 6월), 55쪽.

12 Mona Brunel-Geuder, 앞의 책, 50쪽.

13 엄선애, "변화 속의 독일 국가(國歌)", 『외국어로서의 독일어』(한국독일어교육학회), 제11권 (2002년 12월), 82쪽.

14 엄선애, 위의 글, 79~106쪽.

15 한글 가사는 엄선애, 위의 글, 83쪽에 훌륭한 번역이 있으나, 여기서는 필자의 번역본을 올린다.

· 제5장

1 랴자놉스키 · 스타인버그, 『러시아의 역사 (하)』, 조호연 역, 까치, 2011, 582쪽.

2 마리우스 젠센, 『현대 일본을 찾아서 2』, 김우영 외 역, 이산, 초판 2쇄, 2013, 690쪽.

3 러시아 위키백과 https://ru.wikipedia.org/wiki/%D0%9D%D0%B0_%D1%81%D0%BE%D0% BF%D0%BA%D0%B0%D1%85_%D0%9C%D0%B0%D0%BD%D1%8C%D1%87%D0%B6 %D1%83%D1%80%D0%B8%D0%B8.

4 랴자놉스키 · 스타인버그, 『러시아의 역사 (하)』, 조호연 역, 까치, 2011, 606쪽.

5 랴자놉스키 · 스타인버그, 『러시아의 역사』, 조호연 역, 까치, 2011, 625~626쪽.

6 랴자놉스키 · 스타인버그, 『러시아의 역사』, 위의 책, 629쪽.

7 Emil M. Preisman, "Musical Interests and Priorities of Vladimir Lenin"(Modern Vison), Humanities & Social Sciences 6(2015, 8), Journal of Siberian Federal University, 1058쪽.

8 Preisman, 위의 글, 1059쪽.

9 뉴욕 공영방송 사이트 https://www.wnyc.org/story/lenin-favorite-songs/.

10 Preisman, 앞의 글, 1060쪽.

· 제6장

1 엘런 와인스타인 · 데이비드 루벨, 『미국사』, 이은선 역, 시공사, 2004, 232쪽.

2 미국 텍사스 역사 협회 사이트, https://www.tshaonline.org/handbook/entries/yellow-rose-of-texas.

3 미국 메인 대학교 사이트, https://umaine.edu/folklife/what-we-do/programs-and-events/maine-song-and-story-sampler-map/places/brownville-the-field-of-monterey/.

4 조지형, "도망노예법과 미국 연방사법체제의 위기", 『서양사론』(한국서양사학회), 제93호(2007), 97쪽.

5 영문 위키백과 https://en.wikipedia.org/wiki/Swing_Low,_Sweet_Chariot.

6 미국 USA Today 인터넷 판 "Story behind spiritual 'Sweet Chariot' emerges", 2006년 8월 14일, http://usatoday30.usatoday.com/life/movies/news/2006-08-14-chariot_x.htm?csp=34.

7 앨런 와인스타인 · 데이비드 루벨, 『미국사』, 이은선 역, 시공사, 2004, 307쪽.

8 Slave Songs of the United States, New York: A. Simpson & Co., 1867, 55쪽: 이 책은 인터넷 아카이 브에서 바로 읽을 수 있다; https://archive.org/details/slavesongsunite00allegoog/page/n7/mode/2up.

참고 문헌

• 국문 문헌

단행본

S. 오즈맹, 박은구 역, 『프로테스탄티즘: 혁명의 태동』, 혜안, 2004.

김응종 · 민유기 외, 한국프랑스사학회 기획, 『프랑스의 종교와 세속화의 역사』, 충남대
　　학교출판문화원, 2013.

김장수, 『독일의 대학생 활동 및 그 영향』, 푸른사상, 2006.

나종일 · 송규범, 『영국의 역사』 상권, 하권, 한울 아카데미, 2005.

니콜라스 랴자놉스키·마크 스타인버그, 조호연 역, 『러시아의 역사』 상권, 하권, 까치 글
　　방, 2011.

다니엘 리비에르, 최갑수 역, 『프랑스의 역사』, 개정판 3쇄, 까치, 2003.

마리우스 잰슨, 김우영 외 역, 『현대 일본을 찾아서』 제1권, 제2권, 제1판 2쇄, 이산,
　　2013.

마틴 키치, 유정희 역, 『케임브리지 독일사』, 초판 5쇄, 시공사, 2006.

브라이언 타이어니 · 시드시 페인터, 이연규 역, 『서양중세사: 유럽의 형성과 발전』, 제1
　　판 8쇄, 집문당, 2002.

슈테판 츠바이크, 정상원 역, 『광기와 우연의 역사』, 초판 2쇄, 이화북스, 2021.

알베르 소부울, 최갑수 역, 『프랑스 대혁명사』 상권, 하권, 두레, 1984.

앙드레 모로아, 신용석 역, 『프랑스사』, 초판 3쇄, 김영사, 2016.

앨런 브링클리, 황혜성 외 역, 『있는 그대로의 미국사』 제1권, 제2권, 제3권, 개정판, 휴
　　머니스트, 2011.

앨런 와인스타인 · 데이비드 루베, 이은선 역, 『미국사』, 시공사, 2004.

윌리엄 카, 이민호 · 강철구 역, 『독일 근대사』(개정증보판), 탐구당, 1996.

이민호, 『독일사』, 대한교과서주식회사, 1996.

조르주 보르도노브, 나은주 역, 『나폴레옹 평전』, 초판 2쇄, 열대림, 2009.

최문형, 『러시아의 남하와 일본의 한국 침략』, 지식산업사, 2007.

콜린 존스, 방문숙 · 이호영 역, 『케임브리지 프랑스사』, 시공사, 2001.

토머스 칼라일, 박상익 역, 『영웅의 역사』, 소나무, 1997.

하인리히 하이네, 태경섭 역, 『독일의 종교와 철학의 역사에 대하여』, 회화나무, 2019.

논문

김성룡, "18세기 영국의 국민 정체성과 반가톨릭주의", 『신학과 목회』(영남신학대학교), 제22집, 2004, 317~335쪽.

김웅진, "프레스토판스 전투, 영국의 국가와 의회민주주의", 『비교민주주의연구』(인제대학교), 2005년 12월, 5~30쪽.

엄선애, "변화 속의 독일 국가(國歌)", 『외국어로서의 독일어』(한국독일어교육학회), 제11권(2002년 12월), 79~106쪽.

엄현지, "슈만의 가곡집 〈로만체와 발라드 II, Op. 49〉 분석 연구", 성신여자대학교 대학원 석사학위 논문, 2021.

이남재, "라모와 헨델의 승전 축하 작품 비교", 『서양음악학』(한국서양음악학회), 제22권 제1호, 2019, 113~150쪽.

﹡ 외국어 문헌

단행본

George Prochnik, Heinrich Heine: Writing the Revolution, New Haven and London, Yale University Press, 2020.

Mona Brunel-Geuder, Die Auswirkungen der Rheinkrise von 1840 auf das nationale Bewusstsein in Deutschland, Erlangen FAU University Press, 2014.

Slave Songs of the United States, New York: A. Simpson & Co., 1867.

논문

Charels Hughs, "Music of the French Revolution", Science & Society 제4권 2호(1940), 193~210쪽.

Emil'M. Preisman, "Musical Interests and Priorities of Vladimir Lenin"(Modern Vison), Humanities & Social Sciences 6(2015, 8), Journal of Siberian Federal University, 1052~1064쪽.

Frans and Julia Muller, "Completing the picture: the importance of reconstructing early opera." Early Music, vol XXXIII/4 (November 2005), 667~681쪽.

Sante Bargellini, "Paganini and the Princess", The Musical Quarterly 제10권 4호(1934), 408~418쪽.

서양 근대의 역사적
장면들과 노래들

초판인쇄 2023년 12월 31일
초판발행 2023년 12월 31일

지은이 정태욱
펴낸이 채종준
펴낸곳 한국학술정보(주)
주 소 경기도 파주시 회동길 230(문발동)
전 화 031-908-3181(대표)
팩 스 031-908-3189
홈페이지 http://ebook.kstudy.com
E-mail 출판사업부 publish@kstudy.com
등 록 제일산-115호(2000. 6. 19)

ISBN 979-11-6983-892-4 93900